Peter Mersch

Familie als Beruf

Bibliografische Information der Deutschen Bibliothek:
Die Deutsche Bibliothek verzeichnet diese Publikation in der Deutschen Nationalbibliographie; detaillierte bibliographische Daten sind im Internet über http://dnb.ddb.de abrufbar.

Unveränderter Nachdruck der 1. Auflage aus 2008

Herstellung und Verlag: BoD - Books on Demand, Norderstedt

Printed in Germany

ISBN-13: 978-3-8423-3456-4

Inhaltsverzeichnis

Inhaltsverzeichnis

MIX
Papier aus verantwortungsvollen Quellen
Paper from responsible sources
FSC® C105338

Vorwort

Sollten Sie bereits zu den Lesern meiner anderen Bücher zum demographischen Wandel und seinen Folgen (Mersch 2006b; Mersch 2006a; Mersch 2007a; Mersch 2007c) zählen, werden Sie sich möglicherweise fragen: „Warum nun auch noch dieses Buch? Welche politischen Absichten verfolgt Herr Mersch eigentlich damit?"

Als ich 1968 mein Studium der Mathematik aufnahm, stand ich wie viele meiner Mitstudenten unter dem Eindruck einer ganz schrecklichen Schuld, die die Generation unserer Eltern auf sich geladen hatte. Damit waren weniger unsere jeweiligen konkreten Eltern gemeint – meine waren beziehungsweise sind ganz lieb –, sondern die vorangegangene Generation an sich. Kurz: Wir wollten es einmal besser machen!

Nun treibt mich aber seit einiger Zeit das dumpfe Gefühl umher, wir könnten es am Ende noch viel schlechter gemacht haben. Nicht unbedingt für unsere Generation selbst, aber für alle, die uns noch folgen werden.

Denn konnte sich Europa nach den Irrungen und Wirrungen der Nazi-Zeit und den beiden Weltkriegen – die nach meinem heutigen Verständnis ganz wesentlich auf den bemerkenswerten europäischen Bevölkerungszuwachs ab etwa 1815 zurückzuführen sind – wieder relativ rasch erholen, so dürfte das bei dem, was diesmal auf uns zurollt und einmal mehr ein Bevölkerungsproblem ist, so schnell nicht mehr gelingen. Die dramatischen Folgen werden für die nachkommenden Generationen vermutlich noch viele Jahrhunderte lang zu spüren sein.

Beim vorliegenden Buch handelt es sich quasi um eine Management-Summary meiner Bücher „*Land ohne Kinder*", „*Die Familienmanagerin*", „*Hurra, wir werden Unterschicht!*" und „*Die Emanzipation – ein Irrtum!*" (Mersch 2006b; Mersch 2006a; Mersch 2007a; Mersch 2007c), speziell verfasst für all diejenigen, die keine Zeit oder Lust haben, dicke Bücher zu lesen.

Darin wird auf knapp 70 Seiten das Familienmanager-Konzept darstellt und begründet, von dem ich der festen Überzeugung bin, dass sich das demographische Problem der entwickelten Länder unter den aktuellen globalen und gesellschaftlichen Rahmenbedingungen nur so oder so ähnlich lösen lässt. Alle anderen Vorschläge in dieser Sache – egal ob Kindergelderhöhung, Erziehungsgehalt, Elterngeld, zusätzliche Krippenplätze und Kindergärten, diverse Maßnahmen zur Verbesserung der Vereinbarkeit von Familie und Beruf, Steuererleichterungen für Familien, Rentenansprüche für Eltern, sonstige Maßnahmen des Familienlastenausgleichs etc. – werden dagegen keine befriedigenden Wirkungen hinterlassen. Jedes Land, welches halbwegs ungeschoren aus dem demographischen Wandel herauskommen möchte, wird sich mit den hier vorgestellten Maßnahmen – insbesondere aber auch mit deren Begründungen – auseinandersetzen müssen.

Allerdings dürften die vorgeschlagenen Maßnahmen für Deutschland wohl zu spät kommen, zumal man sich dort seit einiger Zeit eine Diskussionskultur zugelegt hat, die dem freien Denken abträglich ist. Anders gesagt: Man hat in der öffentlichen Debatte zum Thema den Dialog weitestgehend durch Dogmatismen, Tabus und Polemiken ersetzt, und ich glaube nicht, dass sich daran so bald etwas ändern wird.

Vor etwa zweihundert Jahren hat ein Ereignis stattgefunden, das in seiner epochalen Bedeutung meist noch überhaupt nicht richtig wahrgenommen wird: Der allgemeine Rückgang der Sterblichkeit. Mussten Frauen davor im Durchschnitt etwa vier bis sechs Kinder in die Welt setzen, damit wenigstens zwei davon selbst wieder Nachkommen haben konnten, so reichen in modernen Gesellschaften heute im Mittel 2,1 Kinder pro Frau, um die zahlenmäßige Bestandserhaltung der Bevölkerung zu gewährleisten. Dies ist ein fundamentaler Unterschied.

Die Folgen waren unter anderem:

- Ein geradezu verheerender weltweiter Bevölkerungszuwachs, mit dem Ergebnis, dass heute mehr als 6,7 Milliarden Menschen auf der Erde leben. Gleichzeitig führte die Entwicklung zu zahlreichen kriegerischen Auseinandersetzungen, aber auch zu erheblichen ökologischen und klimatischen Problemen.
- Als Gegenreaktion dazu: Die Emanzipation beziehungsweise Gleichberechtigung der Frauen.

Allein schon die Verringerung der Sterblichkeit schließt eine gesellschaftsweite Rückkehr zum patriarchalischen Familienmodell kategorisch aus. Aber nicht nur das: Auch das christliche „gehet hin und mehret euch“ wird zwingend einem angemesseneren „ersetzet euch“ weichen müssen. Die christlichen Kirchen sind nun gefordert, sich endlich den ethischen und ökologischen Anforderungen des 21. Jahrhunderts zu stellen und das Familienthema nicht länger auf Normen basieren zu lassen, die vielleicht vor 2.000

Jahren einmal sinnvoll gewesen sein mögen, heute aber katastrophale Folgen haben können.

Natürlich haben die Gesellschaften längst auf die veränderten Rahmenbedingungen reagiert und neue Familienmodelle entwickelt. So gilt in modernen, der Gleichberechtigung der Geschlechter unterliegenden Gesellschaften nun allgemein die Vorstellung, sowohl Männer als auch Frauen sollten im Regelfall einer Erwerbsarbeit nachgehen und sich eventuelle Familienarbeiten dann paritätisch teilen. Staat und auch Unternehmen sollten gleichzeitig für eine möglichst optimale Vereinbarkeit von Familie und Beruf und einen angemessenen Familienlastenausgleich sorgen.

Ein Ergebnis des vorliegenden Buches ist: So etwas ist nicht möglich. Solche Gesellschaften würden das Prinzip der Generationengerechtigkeit verletzen. In der Folge dürften sie sukzessive alle ihre Kompetenzen verlieren und schließlich verarmen. Empirische Daten scheinen zu belegen, dass dieser Prozess in den entwickelten Ländern längst begonnen hat. Auch wird gezeigt, dass herkömmliche familienpolitische Maßnahmen – zum Beispiel die Verbesserung der Vereinbarkeit von Familie und Beruf – dagegen nichts ausrichten können.

Stattdessen wird vorgeschlagen, die Nachwuchsarbeit als gesellschaftliche Kollektivaufgabe zu verstehen, an der sich alle leistungsfähigen Bürger anteilsmäßig zu beteiligen haben, entweder durch Aufziehen eigener Kinder oder in Form von Abgaben. Die Höhe der von Kinderlosen steuerlich abzuführenden Beträge könnte sich an den Regelungen des Unterhaltsrechts orientieren. Mit den zusätzlichen steuerlichen Einnahmen könnte dann ein neuer Beruf finanziert werden, der es entsprechend qualifizierten Frauen und eventuell auch Männern erlauben würde, aus Familienarbeit mit eigenen Kindern ein Einkommen zu generieren.

Bereits in naher Zukunft wird die Beherrschung der Bevölkerungsentwicklung zu den unerlässlichen Kompetenzen der Menschheit zählen müssen, denn es dürfte sonst weder einen dauerhaften Frieden geben noch ein harmonisches Zusammenleben mit der Natur gelingen.

Vorwort

Die zu niedrigen Geburtenraten der entwickelten Nationen sind dafür von Vorteil, denn das im vorliegenden Buch beschriebene und in allen Ländern ganz ähnlich implementierbare Verfahren erlaubt die zielgenaue Erhöhung von Geburtenzahlen, das heißt, eine präzise und gegebenenfalls international abstimmbare Bevölkerungsplanung, und zwar ohne dabei in Persönlichkeitsrechte einzugreifen. Dies ist mit keiner anderen bislang vorgeschlagenen bevölkerungspolitischen Maßnahme möglich.

Frankfurt, im Januar 2008

Peter Mersch

1 Der demographische Wandel

1.1 Was ist das?

Die fortgeschrittenen Industrienationen befinden sich mehrheitlich im *demographischen Wandel*, der sich allgemein in drei unabhängigen Teilaspekten ausdrückt:

- *Es werden zu wenige Kinder geboren*, oder etwas präziser ausgedrückt: die gesellschaftliche Reproduktion ist insgesamt *mengenmäßig nicht bestandserhaltend* (Fertilitätsrate < 2,1).

  Analysen zeigen: Der Geburtenrückgang in Deutschland ist wie auch in den übrigen europäischen Ländern einschließlich der Länder Nordeuropas in erster Line das Ergebnis des zunehmenden Verschwindens der Mehrkindfamilie mit drei oder mehr Kindern (Bertram/Rösler/Ehlert 2005: 10) und weniger das Resultat einer zunehmenden Kinderlosigkeit.

- *In sozial schwachen beziehungsweise bildungsfernen Schichten werden mehr Kinder geboren als in Schichten mit hohem sozioökonomischem Status beziehungsweise Bildungsniveau*. Anders gesagt: Es besteht ein negativer Zusammenhang zwischen Kinderzahl und sozialer Position beziehungsweise Bildungsniveau (Kopp 2002: 89). Dieser Zusammenhang besteht in analoger Weise auch länderübergreifend: In den entwickelten Industrienationen werden pro Frau meist viel weniger Kinder geboren als in den Entwicklungsländern. Man nennt dieses Phänomen das *demographisch-ökonomische Paradoxon* (Birg 2003: 30).

  Auch diese Erscheinung könnte als fehlende Bestandserhaltung bezeichnet werden, diesmal aber nicht bezüglich der Zahl an Menschen, sondern den Kompetenzen und Qualifikationen.

- *Die allgemeine Lebenserwartung steigt*. Dieser Aspekt wird im Rahmen des vorliegenden Buches als gegeben angenommen und nicht weiter thematisiert.

Insgesamt kann also beim demographischen Wandel von einer fehlenden *quantitativen* und *qualitativen* Bestandserhaltung der Bevölkerung gesprochen werden.

Einige Länder, wie etwa die USA, sind nur vom zweiten und dritten Teilaspekt betroffen, die meisten entwickelten Länder allerdings von allen dreien.

Wir können zusammenfassen:

- Es werden in Deutschland zu wenige Kinder geboren.
- Der Hauptgrund dafür ist das zunehmende Verschwinden der Mehrkindfamilie mit drei oder mehr Kindern.
- Darüber hinaus werden in sozial schwachen und bildungsfernen Schichten mehr Kinder geboren als in gebildeten Bevölkerungskreisen.

Sie werden jetzt vielleicht einwenden, der letzte Punkt sei doch egal, alle Menschen seien schließlich gleich. Ich konnte in meinem Buch „*Hurra, wir werden Unterschicht!*“ (Mersch 2007a) jedoch zeigen, dass es sich bei diesem Befund um das eigentliche Hauptproblem des demographischen Wandels handelt.

1.2 Wie kam es dazu?

Bevor ich mit der Analyse beginne, möchte ich den demographischen Wandel, den die Fachliteratur manchmal auch als die fünfte Phase des demographischen Übergangs bezeichnet, zunächst in einen historischen Kontext stellen.

Während der gesamten Geschichte der Menschheit mussten Frauen eher durchschnittlich fünf bis acht Kinder in die Welt setzen, damit sich eine Population mengenmäßig erhalten konnte (Joas 2001: 483). Der Grund: Die Säuglings-, Kinder- und Müttersterblichkeit waren hoch, und auch noch im Erwachsenenalter konnten Krankheiten, Seuchen, Hunger, Kriege, Unfälle oder Verbrechen zu einem frühen Tod bei nur sehr wenigen Nachkommen führen.

Dies änderte sich schlagartig zu Beginn des 19. Jahrhunderts aufgrund einiger Errungenschaften der Medizin – insbesondere der Hygiene –, einer besseren Nahrungsversorgung der Bevölkerung und weiterer Modernisierungsprozesse. In der Folge ging die Sterblichkeit zurück und es entstand ein dramatischer Bevölkerungszuwachs: die zweite Phase des demographischen Übergangs.

Als demographischer Übergang wird in der Demographie allgemein der Transformationsprozess von hohen Geburten- und Sterberaten zu niedrigen

Geburten- und Sterberaten verstanden. In Deutschland ist damit meist der Zeitraum von etwa 1880 – 1930 gemeint. Viele Experten ordnen auch den heutigen demographischen Wandel mit seinen extrem niedrigen Fertilitätsraten einer Spätphase (posttransformative Phase) des demographischen Übergangs zu. Dies wird im vorliegenden Buch jedoch nicht getan. Stattdessen wird der demographische Wandel als ein eigenständiges Phänomen mit ganz anderen Ursachen verstanden.

Der demographische Übergang gliedert sich in vier Phasen:

- *Phase 1 (high stationary)*

  Stark schwankende Geburten- und Sterberaten, die auf hohem Niveau dicht beieinander liegen. Es findet kein gravierender Bevölkerungszuwachs statt.

- *Phase 2 (early expanding)*

  Die Sterberate sinkt, bei etwa gleichbleibender Geburtenrate. Es entsteht ein signifikanter Bevölkerungszuwachs.

- *Phase 3 (late expanding)*

  Die Geburtenrate sinkt, und zwar sehr bald schneller als die Sterberate. Beide Werte gleichen sich sukzessive an. Der Bevölkerungszuwachs nimmt laufend ab.

- *Phase 4 (low stationary)*

  Die Geburten- und Sterberaten liegen auf tiefem Niveau eng beieinander. Es findet kein nennenswerter Bevölkerungszuwachs statt.

Im Jahr 1816 lebten auf dem Gebiet des späteren Deutschen Reichs 25 Millionen Menschen, am Vorabend des Ersten Weltkriegs dagegen bereits 68 Millionen (Ehmer 2004: 6f.). Weitere fünf Millionen waren – vor allem nach Übersee – ausgewandert (Ehmer 2004: 9). Zwischen 1900 und 1910 erreichte die jährliche deutsche Bevölkerungszuwachsrate mit rund 1,5 Prozent ihren Höhepunkt. Die Bevölkerung nahm in dieser Periode schneller zu als jemals zuvor und jemals danach in der deutschen Geschichte (Ehmer 2004: 7). Der Zuwachs war auch stärker als in den meisten anderen europäischen Ländern. Einige Wissenschaftler führen die beiden dann folgenden Weltkriege auf diese Entwicklung zurück.

Auch heute lassen sich in vielen Krisenherden der Welt zum Teil extreme Bevölkerungszuwachsraten nachweisen (Afghanistan, Somalia, Ruanda, Palästina, Irak, Pakistan, …). Gunnar Heinsohn sieht insbesondere einen sehr hohen Anteil junger Männer an der Gesamtbevölkerung als kritisch für eine mögliche Kriegsentwicklung an (Heinsohn 2006).

Im 20. Jahrhundert passten die europäischen Bevölkerungen ihre Geburtenraten sukzessive an die niedrigen Sterberaten an, so dass der starke Bevölkerungszuwachs ab etwa 1930 fast überall zum Erliegen kam.

Ab etwa 1970 traten sehr viele moderne Gesellschaften in den *demographischen Wandel*, der ein Schwerpunktthema des vorliegenden Buches ist. Als vermutliche Hauptgründe können angeführt werden:

- Zuverlässige Kontrazeptiva (die Pille)
- Berufsorientierte weibliche Emanzipation
- Rentenversicherung

Heute reichen durchschnittlich ca. 2,1 Kinder pro Frau aus, damit sich eine Bevölkerung mengenmäßig erhalten kann. Im 18. Jahrhundert lag diese Zahl noch deutlich über vier. Man kann deshalb durchaus behaupten: Der Rückgang der Sterblichkeit war die Voraussetzung für die berufsorientierte Emanzipation der Frauen.

2 Fertilitätstheoretische Analyse

2.1 Fertilitätstheorien

Demographen, Ökonomen und Sozialwissenschaftler machen sich seit vielen Jahren Gedanken darüber, wie das weltweit und auch historisch sehr unterschiedliche Fortpflanzungsverhalten der Menschheit zu erklären ist. Ich möchte hier nicht bei Adam und Eva, beziehungsweise den Theorien von Thomas Robert Malthus anfangen, sondern einige wesentliche neuere Modelle vorstellen, von denen zahlreiche Experten der Ansicht sind, sie könnten speziell das aktuelle Reproduktionsverhalten der entwickelten Länder recht gut erklären.

Begonnen werden soll mit der ökonomischen Theorie der Fertilität. Bitte lassen Sie sich nicht von Wörtern wie *Konsumnutzen von Kindern* oder *Humankapital* irritieren: Ökonomen reden so. Sie verwenden Worte in einem bestimmten Kontext, wie dies andere Wissenschaften auch tun.

Wenn Sie zum Beispiel eine Eigentumswohnung besitzen und diese vermieten, dann erzielen Sie damit einen *Einkommensnutzen*. Soll die Wohnung später einmal Teil Ihrer Altersversorgung werden, dann besitzt sie zusätzlich einen *Sicherheitsnutzen*. Wohnen Sie selbst in der Wohnung, dann hat sie für Sie einen *Konsumnutzen*.

Wenn nun also im Folgenden von einem Konsumnutzen von Kindern gesprochen wird, dann handelt es sich dabei um all die Gründe, weswegen man sich üblicherweise an Kindern erfreut. Die Ökonomen hätten also auch Erfreuungsnutzen sagen können, nur wäre dann ein solcher Nutzen in Bezug auf einen Teller Spinat schwer zu vermitteln gewesen.

2.1.1 Ökonomische Theorie

Die ökonomische Theorie (Hill/Kopp 2004: 198ff.) der Fertilität von Harvey Leibenstein und Gary S. Becker gilt als eines der überzeugendsten theoretischen Modelle, um das global sehr unterschiedliche Fertilitätsverhalten von Bevölkerungen zu erklären. Insbesondere die sehr niedrigen Fertilitätsraten in den entwickelten Staaten ließen sich mit älteren Theorien nicht in Einklang bringen.

Aber die Theorie ist – speziell im vorliegenden Kontext – auch noch aus einem ganz anderen Grund von Interesse.

Wie ich in meinem Buch „*Evolution, Zivilisation und Verschwendung*" (Mersch 2008) im Detail erläutere, ist die Erbringung der aufwendigen und kräftezehrenden Nachwuchsarbeit aus Sicht eines Individuums alles andere als selbstverständlich. Ganz nüchtern betrachtet sollten vor allem Populationen und eventuell noch die den Individuen innewohnenden Gene[1] ein Fortpflanzungsinteresse (Reproduktionsinteresse) besitzen. Damit die Fortpflanzung trotzdem zuverlässig geschieht, musste die Natur (die Evolution) den Individuen einen entsprechenden Willen geradezu biologisch verordnen. Anders gesagt: Lebewesen waren so zu konstruieren, dass sie sich fortpflanzen wollen.

Dies erfolgt nun aber offenkundig in erster Linie über die sexuelle Lust, denn seitdem es moderne Verhütungsmittel gibt, lassen sich Paarungs- und Reproduktionserfolg präzise voneinander trennen: Die Fortpflanzung generiert dann zu einem ökonomisch abschätzbaren Vorgang, der sich der Konkurrenz anderer Interessen des Individuums ausgesetzt sieht[2]. Und genau hier kommt nun die ökonomische Theorie der Fertilität ins Spiel.

Gemäß der ökonomischen Theorie lassen sich drei verschiedene *Nutzenarten* für Kinder unterscheiden (Klein 2005: 81):

- *Konsumnutzen*
- *Einkommensnutzen*
- *Sicherheitsnutzen*

Diesen Nutzenarten stehen zwei *Kostenarten* gegenüber:

- *Opportunitätskosten*
- *Direkte Kosten*

Wägt man die verschiedenen Nutzen- und Kostenarten gegeneinander ab, dann lässt sich feststellen:

---

1 Allerdings lässt sich Richard Dawkins' Theorie der „egoistischen Gene" (Dawkins 2007) nicht wirklich plausibilisieren. Und in der Tat wird sie in meinem Buch „Evolution, Zivilisation und Verschwendung" (Mersch 2008) weitestgehend widerlegt.

2 Es sind dann Fragen möglich wie: Berufliche Karriere, neues Auto, Urlaubsreise oder Kind?

Kinder haben einen Konsumnutzen

Als Konsumnutzen von Kindern wird in erster Linie die Erfüllung emotional-expressiver Elternschaftsmotive verstanden: Man hat Kinder, weil man ihnen Liebe geben kann und durch sie Liebe erfährt (Mayer 1999: 228).

Der Konsumnutzen von Kindern erlaubt bei Abwägung gegenüber anderen Kosten eine Einschränkung der Kinderzahl (Schimany 2004: 224; Mayer 1999: 230). Dieser sich so trocken anhörende Satz heißt nichts anderes als: Alles das, was einem an Kindern Freude bereitet, kann man eigentlich auch schon mit ein bis zwei Kindern erfahren. Wenn man nur über begrenzte zeitliche oder finanzielle Mittel verfügt, dann dürfte der Konsumnutzen von weiteren Kindern in der Regel nicht groß genug sein, um die durch zusätzliche Kinder verursachten Kosten zu rechtfertigen, denn die Kosten für die Kinder steigen fast linear mit der Kinderzahl, der Konsumnutzen üblicherweise dagegen nicht.

Die Konsequenz daraus ist: Selbst wenn Deutschland das Schlaraffenland der Kinderbetreuung wäre, und Eltern ihre Kinder quasi gleich im Nachbarhaus ganztätig und kostenfrei optimal betreuen lassen könnten, werden sie sich im Normalfall auf maximal zwei Kinder beschränken. Denn bei weiteren Kindern steigen in der Regel das Risiko einer beruflichen Einschränkung (inklusive der damit verbundenen Einkommensreduzierung) und die Familienkosten stärker als der dabei gewonnene Konsumnutzen an. Dies könnte sich auch negativ auf die bereits vorhandenen Kinder auswirken, was die meisten Eltern vermeiden möchten.

Eine weitere unmittelbare Konsequenz daraus ist: Maßnahmen zur Verbesserung der Vereinbarkeit von Familie und Beruf können das demographische Problem zwar möglicherweise entschärfen, es aber nicht wirklich lösen.

Die ökonomische Fertilitätstheorie ist durchaus in der Lage, auch kulturelle Unterschiede im Fertilitätsverhalten zu erklären. Beispielsweise könnte der Konsumnutzen von Kindern in Umgebungen mit einer hohen Bedeutung und auch Präsenz von Kindern generell als höher empfunden werden als zum Beispiel in weitestgehend kinderfreien innerstädtischen Umgebungen.

Kinder haben nur einen geringen Einkommensnutzen

Zum Einkommensnutzen von Kindern zählen: Kindergeld, Steuerersparnisse, generell Maßnahmen des Familienlastenausgleichs. In der Regel übersteigen die Kosten von Kindern deren Einkommensnutzen jedoch deutlich, weswegen der Einkommensnutzen im Vergleich zu den durch sie verursachten Kosten üblicherweise negativ ist.

Einen direkten Einkommensnutzen aus Kindern kann man in unserer Gesellschaft im Wesentlichen nur aus der professionellen Arbeit mit Kindern anderer Eltern ziehen, zum Beispiel als Tagesmutter, Erzieher/in, Kindergärtner/in oder Lehrer/in.

Jede Professionalisierung im Familienbereich, die sich auf fremde Kinder bezieht, birgt den immanenten Nachteil jeglicher Erwerbstätigkeit in sich, nämlich, dass sich mit einer solchen Tätigkeit umso mehr Geld verdienen lässt, je weniger eigene Kinder man selbst hat, weshalb einem eigenen Kinderwunsch dann nennenswerte Opportunitätskosten entgegenstehen. Für die Anbieter der Leistungen dürfte die berufliche Tätigkeit deshalb letztlich eher fertilitätsmindernd sein.

Die positive Wirkung von besseren Betreuungsangeboten auf die Gesamtfertilität einer Gesellschaft ist dagegen nicht erwiesen (CESifo 2005).

Kinder haben keinen Sicherheitsnutzen

Im Prinzip kann in manchen Fällen noch die familiäre Bindung für einen erhöhten Sicherheitsnutzen sorgen. In der Regel reduzieren eigene Kinder aber den Rentenanspruch. Deshalb kann der Sicherheitsnutzen von Kindern auch negativ sein.

Die Aussage gilt für jegliche Form der Altersversorgung. Mütter mit Kindern haben häufig erhebliche berufliche Ausfallzeiten oder sind in ihrer Karriere behindert und zahlen deshalb insgesamt weniger in die Rentenkasse ein. Dies reduziert ihren Rentenanspruch. Familien mit Kindern haben in der Regel viel weniger Geld übrig als Kinderlose und können folglich auch weniger in andere Formen der Altersversicherung investieren.

Kinder sind mit hohen Opportunitätskosten verbunden

Kinder schränken üblicherweise die beruflichen Möglichkeiten und den Verdienst eines Elternteils ein. Sie limitieren die Freizeitoptionen und verursachen viel Arbeit. Kinder legen den weiteren Lebenslauf sehr weit fest und führen bei größeren Familien in der Regel zu einem Verzicht der Frau auf Errungenschaften der weiblichen Emanzipation (zum Beispiel Berufstätigkeit und ökonomische Unabhängigkeit).

Die Opportunitätskosten von Kindern spielen in patriarchalischen Gesellschaften, in denen in der Regel allein der Mann zur Arbeit geht, während die Frau als Hausfrau zu Hause bleibt, eine vergleichsweise untergeordnete Rolle, denn dort ist das Lebensziel der Frauen mit Ehe und Familie praktisch vorgegeben. Es gibt also insbesondere bei gutverdienenden Ehemännern keine beruflichen Optionen für Frauen, die zur Disposition stehen könnten. In patriarchalischen Gesellschaften gilt es sogar als Zeichen des sozialen Erfolges, wenn die Ehefrau nicht mitverdienen muss. Die Opportunitätskosten von Kindern sind unter patriarchalischen Rahmenbedingungen gerade in Familien mit hohem sozioökonomischem Status besonders niedrig.

In Gesellschaften mit Gleichberechtigung der Geschlechter sind die Opportunitätskosten für Kinder üblicherweise umso höher, je qualifizierter die Frau ist. Denn wenn sie Kinder aufzieht statt einer Erwerbsarbeit nachzugehen, verzichtet sie auf umso mehr Einnahmen, je höher ihr Einkommenspotenzial ist. Dies gilt in gleichem Maße auch für Männer, wenn sich die Eltern die Familienarbeit paritätisch teilen[3].

Im Zusammenspiel mit dem schon bei relativ wenigen Kindern sehr weit ausschöpfbaren Konsumnutzen von Kindern erklärt sich damit für solche Gesellschaften auch das zunehmende Verschwinden kinderreicher Familien.

Kinder kosten Geld

Kinder verursachen hohe direkte Kosten (Aufwände), die ihren Einkommensnutzen in aller Regel weit übersteigen.

In patriarchalischen Gesellschaften sind mit dem Einkommen des Vaters in erster Linie die mit der Zahl der Kinder steigenden direkten Kosten abzudecken, die Opportunitätskosten von Kindern fallen dagegen mit dem Einkommen des Vaters, wie bereits dargestellt wurde. In diesem Fall können sich umso mehr Kinder „geleistet" werden, je höher das Einkommen des Vaters ist.

2.1.2 Zusätzliche fertilitätsrelevante Aspekte

Neben der ökonomischen Theorie sind auch andere Fertilitätstheorien von Bedeutung, die diese aber nicht widerlegen, sondern lediglich um weitere Aspekte ergänzen:

Sozialpsychologische Theorie der Fertilität

Die sozialpsychologische Theorie der Fertilität (Hill/Kopp 2004: 206ff.) benutzt zwar eine etwas andere Terminologie als die ökonomische Fertili-

---

[3] Hohe Opportunitätskosten führen zu scheinbar paradoxen Verhaltensweisen. So neigen etwa sehr gut verdienende Selbstständige typischerweise zu kurzen, dafür aber sehr teuren Urlaubsreisen (idealerweise am Wochenende), da sie sich längere Ferien (selbst Camping) aufgrund der sie begleitenden hohen Opportunitätskosten (Einkommensausfälle) tatsächlich nicht „leisten" können.

tätstheorie, ist aber konzeptionell mit ihr weitestgehend deckungsgleich. Sie entspringt im Gegensatz zur ökonomischen Theorie eher sozialpsychologischen Forschungsarbeiten.

Als Nutzenarten für Kinder stellt sie heraus (Nave-Herz 2002: 32):

- materieller Nutzen
- psychologischer Nutzen
- sozial-normativer Nutzen (zum Beispiel Statusgewinn durch Kinder, Vererbung des Familiennamens)

Biographische Fertilitätstheorie

Bei der biographischen Fertilitätstheorie (Birg/Flöthmann/Reiter 1991) handelt es sich um die demographische Entsprechung der Individualisierungsthese (siehe Abschnitt *Individualisierungsthese* auf Seite 44). Sie argumentiert ökonomisch, konzentriert sich aber kostenseitig auf die biographischen Opportunitätskosten der Familiengründung und klammert Nutzenaspekte und direkte Kosten weitestgehend aus.

Kernaussagen der Theorie sind (Birg/Flöthmann/Reiter 1991):

- Die Größe des biographischen Universums nimmt durch den Wegfall sozialer, normativer und ökonomischer Beschränkungen permanent zu.
- Je größer das biographische Universum ist beziehungsweise je vielfältiger die Optionen für eine eigene Biographie sind, desto größer ist die Zahl der Alternativen, die mit einer biographischen Festlegung aus dem Möglichkeitsspielraum ausscheiden.
- Bei einer Expansion des biographischen Möglichkeitsspielraums steigt das Risiko einer biographischen Festlegung.
- In Gesellschaften mit Konkurrenzprinzip im Individualverhalten ist das Risiko biographischer Festlegungen in der Familienbiographie größer als das Risiko von Festlegungen in der Ausbildungs- und Erwerbsbiographie.
- Das Risiko familialer Festlegungen lässt sich aufschieben oder vermeiden.
- Schlussfolgerung: Die Wahrscheinlichkeit der demographisch relevanten biographischen Festlegungen nimmt ab.

Dies bedeutet: Durch die zunehmende Individualisierung (Beck 2006) steigt die Anzahl der Lebenslaufalternativen für eine konkrete Person. Bei einer Familiengründung erfolgt aber eine sehr große biographische Festlegung für einen längeren Zeitraum, und folglich scheiden sehr viele Lebenslaufalternativen aus dem sogenannten biographischen Universum aus. Dies macht es wahrscheinlicher, dass eine solche Festlegung zu einem bestimmten Zeitpunkt nicht erfolgt, zumal familiale Entscheidungen größere Risiken bergen können als Ausbildungs- oder Karriereentscheidungen. Die Konsequenz ist, dass die Entscheidung für eine Familiengründung immer später oder gegebenenfalls gar nicht mehr getroffen wird.

Die biographische Fertilitätstheorie gilt allgemein als eine der schlüssigsten Thesen für die Erklärung der niedrigen Fertilitätsraten in entwickelten Gesellschaften. Denn immerhin konnten einzelne Folgerungen der Theorie empirisch bestätigt werden. So ist etwa beim Frauenjahrgang 1955 für die Teilgruppe der Frauen mit drei Kindern die Wahrscheinlichkeit für die Geburt eines vierten Kindes ab dem Alter 32 höher als die Wahrscheinlichkeit für die Geburt eines ersten Kindes bei den noch kinderlosen Frauen dieses Jahrgangs und Alters, und sie ist auch höher als die Wahrscheinlichkeit für die Geburt eines zweiten Kindes bei den Frauen dieses Jahrgangs und Alters, die ein Kind hatten beziehungsweise eines dritten Kindes bei Frauen mit zwei Kindern (Birg 2003: 31).

Verantwortete Elternschaft

Einen zusätzlichen Gesichtspunkt liefert die sogenannte *verantwortete Elternschaft* (Kaufmann 1990: 39), die eine Familiengründung davon abhängig macht, dass ein Wohlergehen des Kindes in vieler Hinsicht verantwortet werden kann. Gesellschaftlich niedrige Fertilitätsraten können deshalb paradoxerweise auch Ausdruck einer hohen Wertschätzung von Kindern sein (Hondrich 2007: 55ff.).

Experten gehen davon aus, dass dies auch einer der entscheidenden Gründe für die sehr niedrigen Geburtenraten in Italien ist (Röbbel 2006; Zuanna/Micheli 2004). Dort schätzt man Kinder sehr, und die Institution Familie steht hoch im Kurs. Da viele junge Menschen aber spüren, dass sie den Kindern in den heutigen unsicheren Zeiten vielleicht doch nicht gerecht werden könnten, setzen sie lieber nur ganz wenige Kinder in die Welt. Letztendlich ist dies eine Entwicklung von großer Tragik: Die Gesellschaften dürsten nach Kindern, doch je kinderlieber ihre Menschen sind, desto weniger Kinder werden geboren.

Die Theorie ist bezüglich den ökonomischen Aspekten kongruent mit der ökonomischen Theorie der Fertilität, berücksichtigt darüber hinaus aber auch psychologische oder soziologische Aspekte.

Präferenzmodell

Das Präferenzmodell der Fertilität (Hakim 2005) nimmt unterschiedliche Präferenzen von Frauen bezüglich einer Entscheidung für Beruf und Familie an. So steht für einige Frauen eine berufliche Karriere im Vordergrund, andere möchten Beruf und Familie verbinden und noch andere bevorzugen eine reine Familienarbeit. Empirische Studien scheinen zu belegen, dass sich eine Mehrheit der Frauen eine Kombination aus Beruf und Familie wünscht (Bertram/Rösler/Ehlert 2005: 27ff.).

Allerdings sollten die Ergebnisse solcher Studien mit Vorbehalt betrachtet werden, da zum Beispiel nicht bekannt ist, wie sich Frauen zwischen Familie und Beruf entscheiden würden, wenn es ein schlüssiges Konzept für die Bezahlung von Familienarbeit geben würde. Ein solches wurde jedoch in meinen Büchern „*Land ohne Kinder*“, „*Die Familienmanagerin*“ und „*Hurra, wir werden Unterschicht!*“ (Mersch 2006b; Mersch 2006a; Mersch 2007a) vorgeschlagen. Ich werde im Kapitel *Was tun?* auf Seite 55 noch darauf zurückkommen.

Geringerer männlicher Kinderwunsch

In Untersuchungen zum Fertilitätsverhalten der Bevölkerung spielen Männer meist nur eine untergeordnete Rolle.

Eine Studie der Robert-Bosch-Stiftung und des Bundesinstituts für Bevölkerungsforschung (BiB) offenbarte, dass sich Frauen in Deutschland durchschnittlich nur noch 1,75 Kinder wünschen, Männer sogar nur 1,59 (Robert Bosch Stiftung 2006b). Kinderlose ohne beruflichen Abschluss wünschen sich signifikant häufiger Kinder als Kinderlose mit beruflichem Ausbildungsabschluss beziehungsweise Hochschul/Fachhochschulabschluss (Klein 2006: 76).

Man könnte die Ergebnisse so zusammenfassen: Das natürliche Reproduktionsinteresse (Fortpflanzungsinteresse) der Bürger der Bundesrepublik Deutschland ist beschädigt (Mersch 2008), und zwar bei Männern mehr als bei Frauen und bei Menschen mit hoher Bildung und beruflichem Ausbildungsabschluss mehr als bei Menschen ohne beruflichem Abschluss.

In den Entwicklungsländern scheint der Wunsch nach weniger Kindern eher bei Frauen ausgeprägt zu sein (Joas 2001: 497), was normalerweise auch zu erwarten wäre, denn getrenntgeschlechtliche Populationen machen aus evolutiven Gründen nur dann wirklich Sinn, wenn das männliche Geschlecht ein durchschnittlich höheres Reproduktionsinteresse besitzt als das weibliche. Dass dies in vielen modernen Industrienationen genau umgekehrt ist, ist nicht nur äußerst alarmierend, sondern weist vor allem darauf hin, dass eine sich vorwiegend an den Interessen und Anforderungen von Frauen ausrichtende Familienpolitik am Kernproblem vorbeigeht.

2.2 Problemfall Mehrkindfamilie

Eine weit verbreitete Ansicht in unserer Gesellschaft ist, Kinderreichtum führe zu Armut. Auf dieser Basis wird dann etwa vorgeschlagen, vorzugsweise zwischen reichen und weniger begüterten Familien umzuverteilen und nicht zwischen Kinderlosen und Familien insgesamt (Butterwegge 2006: 76). Daneben findet sich aber auch die Behauptung, dass Armut, und dabei insbesondere Bildungsarmut und geringe Erwerbschancen, zu Kinderreichtum führe (Eggen/Rupp 2006: 59)[4]:

> *Diese These wird gestützt durch die Tatsache, dass verheiratete kinderreiche Mütter und Väter überdurchschnittlich oft keinen schulischen oder beruflichen Abschluss besitzen. (...)*
>
> *Auch die Väter von drei oder mehr Kindern haben häufiger keine Schul- oder Berufsausbildung als Männer mit einem oder zwei Kindern, allerdings nicht in dem Ausmaße wie Mütter.*

Gerade bei Eltern mit vier oder mehr Kindern lassen sich überdurchschnittlich häufig erhebliche Bildungsdefizite ausmachen (Eggen/Rupp 2006: 56):

> *Die Bildungshomogamie, die Partnerwahl unter Gleichen, dominiert bei den nicht ehelichen und ehelichen Paaren mit Kindern. Kinderreiche Paare unterscheiden sich darin zunächst nicht von Paaren mit einem oder zwei Kindern, aber sie unterscheiden sich im Bildungsniveau. Eltern mit drei Kindern verfügen überdurchschnittlich oft nicht über eine abgeschlossene Schulausbildung. Bei Eltern mit vier oder mehr Kindern fällt das Bildungsniveau ganz deutlich ab: 15% der Eltern besitzen keine abgeschlossene Schulausbildung.*

---

[4] Letztendlich ist dies ja auch die Kernaussage des empirisch gut belegten demographisch-ökonomischen Paradoxons.

Diese Daten werden durch den für unsere Gesellschaft geltenden umgekehrten Zusammenhang zwischen Kinderzahl und Bildungsniveau weiter untermauert.

Mit anderen Worten: Gerade in größeren Familien, wo die höchsten Anforderungen an erzieherischen Leistungen bestehen, und wo durch eine qualifizierte Erziehungsarbeit die größten Effekte erzielt werden könnten (da davon besonders viele Kinder profitieren würden), fehlt es ganz häufig an den dafür erforderlichen Kompetenzen.

Dies hat unmittelbare Konsequenzen für die betroffenen Kinder (Eggen/Rupp 2006: 62):

> *Auch in kinderreichen Familien ist die Ausbildung der Eltern entscheidend für die Schulbeteiligung der Kinder. Verglichen mit allen Jugendlichen aus kinderreichen Familien haben Schüler der Klassenstufe 11 bis 13 erheblich häufiger Eltern mit Hochschulreife beziehungsweise Hochschulabschluss(...). Entsprechend seltener haben diese Schüler Eltern ohne eine Schul- oder Berufsausbildung. Eltern „vererben" somit soziale Ungleichheit – hier über Bildungsabschlüsse. Aber im Unterschied zu Eltern mit einem oder zwei Kindern haben kinderreiche Eltern häufiger nur eine unzureichende Ausbildung, die sie „vererben" können.*

Die durchschnittlich schlechteren Bildungsabschlüsse von Eltern kinderreicher Familien wirken sich erwartungsgemäß auch auf deren Erwerbsverhalten aus (Eggen/Rupp 2006: 70f.):

> *Trotz der unterschiedlichen Bedingungen (...) gehen in relativ vielen kinderreichen Familien beide Eltern einer Erwerbstätigkeit nach. In jeder zweiten Familie mit drei Kindern und in jeder dritten Familie mit vier oder mehr Kindern sind beide Eltern erwerbstätig (...). Gleichzeitig sind in überdurchschnittlich vielen kinderreichen Familien beide Eltern nicht erwerbstätig, das gilt besonders für Familien mit vier oder mehr Kindern. In den meisten dieser Familien bestimmen Arbeitslosenunterstützung und Sozialhilfe den Lebensunterhalt der Familien.*

3 Evolutionstheoretische Analyse

In meinem Buch „*Evolution, Zivilisation und Verschwendung*“ (Mersch 2008) wird eine modifizierte Evolutionstheorie vorgeschlagen, die gänzlich ohne Begriffe wie *natürliche Auslese*, *Survival of the Fittest*, *Kampf ums Überleben* beziehungsweise *Struggle for Life* auskommt, und die entscheidend auf dem von Umberto Maturana und Francisco Varela geprägten Begriff der Autopoiesis und den Selbsterhaltungs- und Reproduktionsinteressen von Individuen beruht. Mit dieser so verallgemeinerten Evolutionstheorie – von mir dann auch „*Allgemeine Evolutionstheorie*“ genannt – kann die biologische, kulturelle, soziale und technische Evolution einheitlich aus einigen wenigen gemeinsamen Prinzipien heraus erklärt werden.

Ferner kann aus ihr unter Bedingungen, die in der Natur normalerweise gelten (kompetenzneutrales Reproduktionsinteresse innerhalb von Populationen), auch das Prinzip der natürlichen Selektion abgeleitet werden. Aufgrund dieses Zusammenhangs habe ich mich letztlich entschlossen, die Argumentation in diesem Kapitel weiterhin (wie in: Mersch 2007a; Mersch 2007c) primär auf der etablierten Darwinschen Theorie und nicht auf meinem alternativen Ansatz fußen zu lassen. Allerdings weise ich in den weiteren Ausführungen des vorliegenden Buches insbesondere dann auf die *Allgemeine Evolutionstheorie* hin, wenn sich aus ihr zusätzliche Zusammenhänge und Resultate ergeben.

Der markanteste Unterschied zwischen den beiden theoretischen Ansätzen dürfte wohl der folgende sein:

- Im Zentrum der *Darwinschen Evolutionstheorie* steht das Prinzip der natürlichen Auslese: Besser an ihren Lebensraum angepasste Individuen hinterlassen durchschnittlich mehr Nachkommen als andere.

  In modernen menschlichen Gesellschaften besteht nun aber ein negativer Zusammenhang zwischen sozialem Erfolg und der Zahl an Nachkommen, was einen offenkundigen Widerspruch zum Prinzip der natürlichen Auslese darstellt. In der Soziobiologie wurde dieser Widerspruch unter dem Namen „*Central Theoretical Problem of Human Sociobiology*“ als offenes wissenschaftliches Problem formuliert.

- Gemäß der *Allgemeinen Evolutionstheorie* sind es dagegen in erster Linie die Selbsterhaltungs- und Reproduktionsinteressen von Individuen (beziehungsweise Systemen), die die Evolution vorantreiben..

  Wie auch die Resultate des vorliegenden Buches zeigen, haben die Menschen in den meisten Industrieländern ein umso niedrigeres Reproduktionsinteresse (zum Beispiel in Form eines Kinderwunsches), je höher ihr sozioökonomischer Status beziehungsweise ihr Bildungsniveau ist. Die betroffenen Gesellschaften haben also Verhältnisse implementiert, die das Reproduktionsinteresse ihrer Bürger reduzieren, und zwar umso stärker, je gebildeter, beruflich engagierter oder sozial erfolgreicher sie sind. Die Allgemeine Evolutionstheorie kann folglich das „*Central Theoretical Problem of Human Sociobiology*" unmittelbar erklären.

3.1 Die Evolutionstheorie

Die von Charles Darwin entwickelte biologische Evolutionstheorie (im Folgenden einfachheitshalber „Evolutionstheorie" genannt) erklärt die Entwicklung des Lebens auf der Erde und die fortlaufende Anpassung von Populationen an ihren Lebensraum. In ihr spielt der Fortpflanzungsmechanismus eine entscheidende Rolle.

Die Kernhypothesen der Evolutionstheorie sind:

- Eine Population besteht aus unterschiedlichen Individuen (Phänotypen), die unterschiedlich gut oder schlecht an ihren Lebensraum angepasst sind, und die untereinander fortpflanzungsfähig sind. Dieses Kriterium heißt *Variation*.

- Die Individuen müssen sich zunächst im Leben bewähren. Die Bewährung stellt sozusagen einen Test bezüglich des Grads ihrer Angepasstheit beziehungsweise Anpassungsfähigkeit an den jeweiligen Lebensraum dar. Zur Anpassungsfähigkeit zählt bei der sexuellen Fortpflanzung auch die Attraktivität gegenüber dem anderen Geschlecht. Die Kernaussage ist nun: Individuen, die an ihre jeweilige Umgebung besser angepasst sind, werden im Durchschnitt mehr Nachkommen hinterlassen als andere. Dieses Kriterium heißt *Selektion* beziehungsweise auch *natürliche Selektion*.

  Da für das Aufziehen von Nachwuchs in der Regel erhebliche zusätzliche Ressourcen erforderlich sind, drückt sich eine bessere Angepasstheit beziehungsweise Anpassungsfähigkeit insbesondere in der Fähigkeit aus, entsprechende Ressourcen zu erlangen, das heißt, erfolgreich zu sein in der *Konkurrenz* um begrenzte Ressourcen wie Energie oder Raum.

Im Englischen wird die Angepasstheit als *Fitness* bezeichnet, weswegen das Kriterium auch den Namen *Survival of the Fittest* trägt.

- Im Rahmen der Fortpflanzung geben Individuen viele Eigenschaften, die ihnen in ihrem Leben geholfen haben, an ihre Nachkommen weiter. Dieses Kriterium heißt *Vererbung* oder auch *Replikation* (manchmal auch Reproduktion).

  Für die moderne synthetische Evolutionstheorie erfolgt die Vererbung über Gene: Die Individuen einer Population unterscheiden sich durch erbliche Zufallsveränderungen (*Variation*). Durch die natürliche *Selektion* werden diejenigen erblichen Veränderungen, die ihren Träger besser an eine gegebene Umwelt anpassen, häufiger an die nächste Generation weitergegeben (*Vererbung*).

Die Kernaussage der Evolutionstheorie ist nun: Wenn die drei Voraussetzungen Variation, Selektion und Vererbung gegeben sind, ist Evolution unvermeidlich die Folge (Blackmore 2006: 50).

Man kann das Evolutionsprinzip auch als einen Optimierungsalgorithmus interpretieren, der die fortlaufende Anpassung von Populationen an sich gleichfalls verändernde Umgebungen sicherstellt, ein von jeder Absichtlichkeit oder höherer Zweckmäßigkeit freies Verfahren (Wuketits 2005b: 25). Erst die natürliche Selektion verleiht der Evolution eine Richtung (Wuketits 2005b: 58).

Die Natur sorgt über die Prinzipien der Evolutionstheorie für „genotypische" Generationengerechtigkeit. Generationengerechtigkeit bedeutet, dass die heutige Generation der nächsten Generation die Möglichkeit gibt, sich ihre Bedürfnisse mindestens im gleichen Ausmaß wie die heutige Generation zu erfüllen (Tremmel 2005: 98). Wenn also Individuen gemäß der natürlichen Selektion all das an ihre Nachkommen weiterreichen, was ihnen beim Überleben behilflich war, dann müssen diese Nachkommen im Schnitt gleich gut oder besser als ihre Eltern an diejenige Umwelt angepasst sein, in der die Selektion stattfand (Blackmore 2006: 50). Hat sich diese Umwelt in der Zwischenzeit kaum verändert, dann kann sich die Folgegeneration ihre Bedürfnisse gleich gut oder sogar besser erfüllen als die vorangegangene. Das Prinzip der Generationengerechtigkeit ist also gewahrt.

Der nächsten Generation einer etwa vom Fischfang lebenden Population dürfte es letztlich ziemlich egal sein, ob sie ausstirbt, weil ihr See längst leergefischt ist, dessen Wasser verseucht wurde, sie zahlenmäßig zu klein ist, um die schweren Fischerboote zu bewegen, oder sie nicht die mentalen/körperlichen Kompetenzen besitzt, um unter den gegebenen Verhältnissen Fische zu fangen.

Der Gegenstand der Evolutionstheorie ist die Population inklusive deren reproduktives Verhalten (Mayr 2005: 147 ff.), was ihre unmittelbare Relevanz für demographische Fragestellungen begründet.

Die Evolutionstheorie wird häufig mit einem „Kampf ums Dasein" in Verbindung gebracht. Ein üblicher Einwand ist, einen solchen Überlebenskampf gäbe es in modernen Gesellschaften nicht mehr (siehe die Diskussion in den folgenden Abschnitten), weswegen die Theorie auf menschliche Gesellschaften nicht anwendbar wäre. Allerdings kommt der Optimierungsalgorithmus der natürlichen Selektion auch ohne die Nebenbedingung der Ressourcenverknappung und dem damit verbundenen gnadenlosen Kampf ums Überleben aus. Stattdessen reicht bereits eine ganz normale Konkurrenz unter den Individuen (Wuketits 2002b: 35f.). Auch sollte Tauglichkeit nicht mit Stärke verwechselt werden. Andere Strategien wie Kooperation oder gar Altruismus können ebenfalls und möglicherweise sogar effizienter zum Erfolg führen (Wuketits 2005b: 24; Bauer 2006).

3.2 Sexuelle Fortpflanzung und sexuelle Selektion

Der Sinn der in der Organismenwelt dominierenden sexuellen Fortpflanzung galt in der Biologie lange Zeit als rätselhaft (De Beauvoir 2006: 28 f.).

Evolutionsbiologen weisen heute meist darauf hin, diese Art der Fortpflanzung garantiere eine ungeheure genetische Vielfalt (Junker 2006b: 67; Wuketits 2005b: 55 ff.). Beim Sexualakt wird nämlich genetische Information ausgetauscht. Die Nachkommen sind dann immer ein Resultat der Durchmischung der elterlichen genetischen Potenzen. Diese Durchmischung bezeichnet man auch als genetische Rekombination.

Folgt man der Argumentation der Evolutionsbiologen, dann bringt die Durchmischung eine höhere Flexibilität mit sich, wodurch die Anpassung an neue Umweltbedingungen, Krankheitserreger und Parasiten erleichtert wird. Bei asexueller Reproduktion kommt es dagegen nur durch Mutationen zu genetischen Veränderungen, und diese können „gut", genauso aber auch „schlecht" sein.

Allerdings erklärt dies noch nicht, warum sich bei höheren Tierarten keine Hermaphroditenpopulationen[5] durchgesetzt haben. Ein nicht gebärfähiges Männchen stellt ja zunächst einmal einen enormen Kostenfaktor dar, da stets doppelt so viele Individuen „produziert" werden müssen, wie eigentlich erforderlich wären. Einhundert Hermaphroditen könnten genauso viele Nachkommen erzeugen, wie eine aus jeweils 100 Männchen und Weibchen bestehende Population.

Ein entscheidender Vorteil der sexuellen Fortpflanzung scheint in der sogenannten *sexuellen Selektion* zu bestehen (Miller 2001: 128).

Mit *Elterninvestment* wird in der Soziobiologie die Gesamtheit der Maßnahmen bezeichnet, die Lebewesen ergreifen, um Nachkommen zu zeugen und sie für das Leben und ihre spätere eigene Fortpflanzung vorzubereiten und fit zu machen (Wuketits 2002b: 42f.).

Sexualpartner, die den höheren elterlichen Aufwand treiben, stellen im Allgemeinen für das andere Geschlecht die knappere Ressource dar. Das Konzept des Elterninvestments ist deshalb in der Lage, die Geschlechterrollen und die Intensität des Paarungswettbewerbs vorherzusagen:

- Das Geschlecht, welches die geringeren Elterninvestments erbringt, *konkurriert* untereinander um die Fortpflanzungspartner.
- Das Geschlecht mit dem höheren elterlichen Aufwand wählt (*selektiert*) die Fortpflanzungspartner unter den konkurrierenden Individuen nach bestimmten Kriterien aus.

Bei vielen Tierarten und auch dem Menschen belastet die Fortpflanzung die Weibchen ungleich stärker als die Männchen (Wuketits 2002b: 45). Erstere sind dann bei der Wahl der Sexualpartner selektiver, während letztere um die Weibchen konkurrieren (Wuketits 2002b: 39).

Im Rahmen der sexuellen Selektion wählen die Weibchen bevorzugt Männchen mit bestimmten Merkmalen (Fitnessindikatoren) aus, die eine besonders große genetische Fitness des Sexualpartners erwarten lassen (Miller 2001: 148). Durch die Auswahl desjenigen Männchens mit der besten

---

5 Unter Hermaphroditen (Zwittern) sind im vorliegenden Buch zweigeschlechtliche Lebewesen gemeint, die sich mit jedem anderen Individuum ihrer Population paaren können.

genetischen Fitness wird die Fitness der Nachkommen erhalten oder sogar erhöht[6].

Weil die Gene von Männchen mit ausgesprochen positiven Fitnessindikatoren eine besonders gute Anpassung an den Lebensraum versprechen und nur wenige nachteilige Mutationen aufweisen sollten, ist die sexuelle Selektion in der Lage, den genetischen Code besonders effizient von Mutationen zu bereinigen (Miller 2001: 123):

> *Jeder Sexualpartner ist Träger seiner eigenen Mutationen. Man sollte sich für den Partner mit den wenigsten schädlichen Mutationen entscheiden, denn die Nachkommen werden so die höchste zu erwartende Fitness erhalten, also die besten Chancen, zu überleben und sich fortzupflanzen. (...) Viele Biologen glauben inzwischen, dass die Partnerwahl eine Strategie ist, um den eigenen Nachkommen die bestmöglichen Gene mitzugeben.*

Der Vorteil der sexuellen Fortpflanzung lässt sich – vereinfacht ausgedrückt – wie folgt zusammenfassen:

- Männchen erbringen im Allgemeinen die deutlich geringeren Elterninvestments als Weibchen. Hierdurch können sie die Zahl ihrer Nachkommen fast beliebig steigern, während die Weibchen stets auf die eigene maximale Fertilität (Fekundität) beschränkt bleiben. Beim Menschen könnten einzelne Männer theoretisch mehrere tausend leibliche Kinder haben, während bei Frauen das Maximum nicht deutlich über zehn liegt.
- Durch die bevorzugte Selektion von Männchen mit besonders positiven Fitnessindikatoren setzen sich verstärkt Gene mit einer besonders guten Anpassung an den Lebensraum und nur wenigen nachteiligen Mutationen durch, und zwar selbst dann, wenn alle Weibchen die gleiche Zahl an Nachkommen haben.
- Bei der sexuellen Selektion handelt es sich um eine direkte Rückkopplung zwischen den Geschlechtern: Weibchen wählen bevorzugt Männchen mit bestimmten Eigenschaften, woraufhin besonders viele Nachkommen gezeugt werden, bei denen die Männchen ebenfalls diese Ei-

---

6 Bei manchen Arten selektiert allerdings nicht das Weibchen anhand von Fitnessindikatoren, sondern es setzt sich ein Männchen aufgrund überlegener Fitness im Wettbewerb gegenüber anderen männlichen Konkurrenten durch, woraufhin es vom (von den) Weibchen als Paarungspartner akzeptiert wird. Das Ergebnis ist in beiden Fällen das gleiche: Den Reproduktionserfolg haben bevorzugt die Männchen mit der besten genetischen Fitness. Daneben haben sich in der Natur weitere Paarungsstrategien etabliert.

genschaften besitzen und die Weibchen die gleichen Partnerwahl-Präferenzen haben. Auf diese Weise können beschleunigte *Selbstläuferprozesse* (Miller 2001: 83 ff.) entstehen, und zwar selbst dann, wenn der Selektionsdruck seitens des Lebensraums eher gering ist.

Die sexuelle Selektion ermöglicht also erheblich schnellere Anpassungsprozesse, in deren Rahmen den Männchen eine herausragende Rolle zukommt. Es sollte an dieser Stelle aber noch einmal betont werden, dass all dies nur bei asymmetrischer Verteilung der Elterninvestments funktioniert.

Teilte man die Elterninvestments paritätisch zwischen den Geschlechtern auf – wie dies unsere Gesellschaft ganz offiziell vorhat –, dann entledigte man sich damit auch der sexuellen Selektion und vielen Vorteilen der sexuellen Fortpflanzung insgesamt[7]. Eine solche Population wäre reproduktiv sogar leistungsschwächer als eine Population aus lauter Hermaphroditen.

Im Abschnitt *Sexuelle Arbeitsteilung* auf Seite 29 wird noch ein weiterer entscheidender Vorteil der sexuellen Fortpflanzung mit nicht gebärfähigen Männchen herausgestellt: Die sexuelle Arbeitsteilung.

3.3 Evolutionstheorie und menschliche Gesellschaften

Der Begriff *Ressourcen* der Evolutionstheorie übersetzt sich in modernen Gesellschaften nahtlos mit *Geld*: Wer Geld hat, hat Zugriff auf Ressourcen (zum Beispiel *Energie*) seiner Wahl. Gesellschaftlicher Erfolg lässt sich folglich an einem entsprechenden Einkommen beziehungsweise Besitz oder auch an einer mit entsprechenden Verfügungsrechten verbundenen gesellschaftlichen (Macht-)Position ausmachen.

Für menschliche Gesellschaften kann die natürliche Selektion dann wie folgt vereinfacht formuliert werden:

---

[7] Die Entwicklung des menschlichen Großhirns scheint ohne den machtvollen Mechanismus der sexuellen Selektion kaum vorstellbar zu sein. Gemäß Thomas Junker bildet sich Intelligenz vor allem in der sozialen Interaktion aus: „Die Hauptaufgabe der Intelligenz besteht in der Lösung sozialer Probleme. Eine besondere Dynamik erhält dieser Prozess, da er vom Wettrüsten innerhalb der Gruppe vorangetrieben wird.“ (Junker 2006b: 59). Geoffrey F. Miller ist der Auffassung, der Wettstreit um die Fortpflanzung („sexuelle Selektion“) habe bei der Intelligenzbildung – speziell bei vielen kreativen Funktionen – eine ganz entscheidende Rolle gespielt (Miller 2001). Bei Ausbleiben der sexuellen Selektion dürfte sich das menschliche Gehirn auf Dauer wieder zurückbilden (siehe dazu die Ausführungen im Abschnitt „Sexuelle Arbeitsteilung“ auf Seite 29).

- *Reproduktionserfolg (= Zahl an Nachkommen, Familiengröße) korreliert mit sozialem (beruflichem) Erfolg.*

In modernen Gesellschaften existiert allerdings noch ein ganz anderes Kriterium, welches mit sozialem Erfolg assoziiert ist: Bildung. Die Sache hat leider nur einen Haken: Bildung steht der Reproduktion im Wege.

So lässt sich beispielsweise für die USA und Deutschland feststellen, dass die Ausbildung und die erreichte Berufsposition von Frauen die beiden zentralen Faktoren für die individuelle Entscheidung sind, ohne Kinder zu leben (Bertram/Rösler/Ehlert 2005: 14). Diese Ergebnisse gelten bezüglich der vollständigen Fertilität ganz ähnlich auch für schwedische (Neyer/Andersson/Hoem/Ronsen/Vikat 2006) und französische (Hoem 2006) Frauen.

Das empirisch nachgewiesene, mit Bildung negativ assoziierte Fortpflanzungsverhalten moderner Gesellschaften wird auch als das *Central Theoretical Problem of Sociobiology* bezeichnet (Vining 1986), da es im offenkundigen Widerspruch zu Grundprämissen der Evolutionstheorie steht.

Erklären lässt sich der in allen Industrienationen bestehende negative Zusammenhang zwischen Bildung und Kinderzahl durch die hohen Opportunitätskosten von Kindern für qualifizierte und beruflich erfolgreiche Frauen (siehe dazu die Ausführungen im Kapitel *Fertilitätstheoretische Analyse* auf Seite 5).

Während der gesamten Geschichte der Menschheit hatten reiche oder mit Macht ausgestattete Männer eine größere Zahl an Sexualpartnerinnen und setzten auch mehr Kinder in die Welt als Männer mit einem niedrigeren Sozialstatus (Betzig 1986). Diese Aussage konnte in zahlreichen Untersuchungen mit unterschiedlichen Gesellschaftsformen bestätigt werden (Voland 2000: 89f.; Hopcroft 2006: 105). Selbst heute gilt noch: Nichts steigert die Attraktivität eines Mannes gegenüber dem anderen Geschlecht so sehr wie der soziale Status beziehungsweise der berufliche Erfolg (Weber 2003: 77):

> *Zahlreiche Studien scheinen zu belegen, dass Frauen bei Männern Eigenschaften wie finanziellen Wohlstand attraktiv finden, während Männer nach jungen – und damit fruchtbaren – Frauen Ausschau halten.*

In modernen menschlichen Gesellschaften führt dies nun aber dazu, dass erfolgreiche Männer zwar immer noch häufiger sexuellen Kontakt zu mehr Partnerinnen haben und somit erhöhte Paarungserfolge aufweisen, jedoch nicht, dass sie auch mehr Kinder zeugen (Voland 2000: 97f.; Kanazawa

2003). Seit dem Aufkommen der Pille ist Paarungserfolg nicht mehr unmittelbar gleichzusetzen mit Reproduktionserfolg.

Insgesamt lässt sich feststellen: In der Geschichte der Menschheit korrelierte der soziale Erfolg von Männern immer (mit kurzen zeitlichen Unterbrechungen) mit deren Zahl an Nachkommen, was dem Prinzip der natürlichen Selektion entspricht. Obwohl die Evolution rein zufällig operiert und kein explizites Ziel kennt, lässt die Körperstruktur des Menschen aber klare Rückschlüsse auf die Erfolgsmerkmale zu: Der Mensch zeichnet sich gegenüber anderen Lebewesen in erster Linie durch seine Gehirnleistung aus (Mayr 2005: 307ff.). Das menschliche Erfolgskriterium hieß somit – vereinfacht ausgedrückt – Intelligenz. Es kann deshalb angenommen werden, dass während der gesamten Geschichte der Menschheit der soziale Erfolg von Männern stets eng mit deren geistiger Kompetenz korrelierte. Mit anderen Worten: Eine höhere geistige Kompetenz von Männern erhöhte deren Reproduktionserfolg.

Die Anwendung der Evolutionstheorie auf menschliche Gesellschaften wird häufig als *Sozialdarwinismus* (Brockhaus 2002: 13/153) bezeichnet und diskreditiert. Meist steckt hinter einer solchen Kritik ein unzutreffendes Verständnis der Evolutionstheorie, welches in erster Linie gegen den sogenannten „Kampf ums Dasein" zielt. Dieser spielt zwar auch in den ursprünglichen Darwinschen Formulierungen eine Rolle, allerdings hat er für die Evolutionstheorie tatsächlich nur eine untergeordnete Bedeutung, denn sie kommt bereits mit einfacher Konkurrenz aus. Dieses weit verbreitete Missverständnis hat dann zu manchen späteren verhängnisvollen Fehldeutungen und Entwicklungen geführt und in der Folge auch zum umgekehrten Fehlschluss, nämlich der Behauptung, die Evolutionstheorie sei überhaupt nicht auf menschliche Gesellschaften anwendbar[8].

Hieraus ergibt sich das folgende Dilemma: Wendet man die Evolutionsprinzipien auf menschliche Gesellschaften an, wird dies meist sehr rasch als *Sozialdarwinismus* diskreditiert. Lässt eine Gesellschaft dagegen zu, dass ihr Reproduktionsverhalten nicht den Evolutionsprinzipien entspricht, verletzt sie die *Generationengerechtigkeit* (siehe das folgende Giraffenbeispiel).

Ein weiterer häufig vorgebrachter Einwand ist, bei der Evolutionstheorie handele es sich um eine rein *deskriptive*, also nicht *normative* Theorie

---

8 Die Evolutionstheorie gilt für alle biologischen Populationen auf der Erde, also auch für menschliche. All das, was aus Affen den Menschen formte, hat – bei Umkehrung der Richtung – ebenso die Macht, den Menschen wieder in einen Affen zurückzuverwandeln.

(Vogel 2000: 180). Irrtümlich münze aber der Sozialdarwinismus Darwins teleologiefreies Konzept der natürlichen Selektion erneut in ein teleologisches um, da die höheren Reproduktionschancen der „Tüchtigen“ gemäß solchen Auffassungen nicht mehr nur ein zwangsläufiges Produkt der „natürlichen Auslese“, sondern deren „angestrebtes Ziel“ seien (Vogel 2000: 183f.)[9]. Allerdings scheint der Einwand auf einem grundsätzlichen Missverständnis bezüglich dem beschreibenden beziehungsweise normativen Charakter von Naturgesetzen zu beruhen.

Betrachten wir zur Verdeutlichung einmal zwei verschiedene Giraffenpopulationen mit völlig unterschiedlichem Reproduktionsverhalten.

Der Körperbau der Giraffe ist durch deren hohe Statur, den sehr verlängerten Hals, Vorderbeine, Kopf und Zunge für das Abweiden hoher Baumzweige angepasst. Sie kann dadurch Nahrung jenseits der Höhe, bis zu welcher andere Huftiere aus ihrem Lebensraum hinaufreichen können, erlangen.

Wenn nun die Bäume auf den Fraß der Tiere oder aus anderen Gründen mit einem Anheben der unteren Baumzweige reagieren, dann werden Giraffenindividuen mit besonders langen Hälsen einen Vorteil haben. Weil sie mehr Nahrung erlangen, können sie sich besser als ihre kurzhalsigen Artgenossen vermehren. Auf diese Weise verlängert sich der Hals der Giraffen mit der Zeit, und zwar ausschließlich aus evolutionären Gründen.

Giraffen könnten aber auch eine Strategie des demographischen Wandels verfolgen: Die Giraffen mit den längsten Hälsen fressen das hohe Laub nur zum Teil selbst. Einen größeren Teil („Laub-Steuer“) lassen sie für ihre kurzhalsigen Artgenossen einfach zu Boden fallen, wo er gierig aufgenommen und verzehrt wird.

---

9 An diesem Punkt unterscheidet sich die Allgemeine Evolutionstheorie (Mersch 2008) ganz erheblich von der Darwinschen Theorie, denn sie setzt nicht auf dem Prinzip der natürlichen Auslese oder dem Kampf ums Überleben auf, sondern auf den Selbsterhaltungs- und Reproduktionsinteressen von Individuen. Das Kapitel „Fertilitätstheoretische Analyse“ auf Seite 5 konnte zeigen, dass Kinder unter der Rahmenbedingung der Gleichberechtigung der Geschlechter umso höhere Opportunitätskosten verursachen, je höher das Einkommenspotenzial der Eltern ist. Infolgedessen besteht in modernen Gesellschaften ein negativer Zusammenhang zwischen Fortpflanzungsinteresse und sozialem Erfolg. Aus Sicht der Allgemeinen Evolutionstheorie weisen moderne Gesellschaften folglich erhebliche organisatorische Mängel im reproduktiven Bereich auf, die zu beheben sind. Die Forderung nach höheren Reproduktionschancen der „Tüchtigen“ – im Sinne der natürlichen Selektion – könnte als Sozialdarwinismus ausgelegt werden, die Forderung nach gesellschaftlichen Verhältnissen, die für kompetenzneutrale Reproduktionsinteressen sorgen, dagegen nicht.

Weil die langhalsigen Giraffen nun den ganzen Tag nicht nur für ihre eigene Nahrungsbeschaffung, sondern auch für die der weniger gut angepassten Individuen beschäftigt sind, und es bei ihnen keine Aufgabenverteilung bezüglich der Nahrungsbeschaffung zwischen den Geschlechtern gibt, haben sie kaum Zeit, sich um eigene Nachkommen zu bemühen. Das erledigen dann für sie – sozusagen arbeitsteilig als Gegenleistung für die Nahrungsbeschaffung – die kurzhalsigen Individuen, die deutlich mehr Jungen bekommen als langhalsige Individuen.

Mit der Zeit wird die gesamte Population auf diese Weise immer kurzhalsiger. Der lange Hals stellt zwar prinzipiell einen Vorteil dar, allerdings führt er aufgrund der Reproduktionsorganisation der Giraffenpopulation sehr bald zur evolutionären Elimination. Weil die kurzhalsigen Giraffen aber sich und ihre Nachkommen ohne die Hilfe ihrer langhalsigen Artgenossen nicht mehr ausreichend versorgen können, sterben sie kurze Zeit später ebenfalls aus.

Interpretiert man – wie oben empfohlen – die höheren Reproduktionschancen der „Tüchtigen" nicht als das „angestrebte Ziel" der „natürlichen Auslese", sondern als deren zwangsläufiges Produkt, dann müsste aus dem zweiten Giraffenbeispiel unmittelbar gefolgert werden: Die kurzhalsigen Giraffen sind die „Tüchtigen", denn sie haben die höchsten Reproduktionschancen.

Leider hätte man damit aber die Evolutionstheorie um eines ihrer wichtigsten Kriterien beraubt, nämlich die Verknüpfung zwischen produktivem (sozialem, beruflichem) und reproduktivem Erfolg. Das Prinzip der natürlichen Selektion degenerierte auf diese Weise zur bloßen Tautologie. Fehlt die Verbindung zwischen sozialem Erfolg und Reproduktionserfolg, dann können Individuen Erfolgsmerkmale nicht ausreichend an ihre Nachkommen weitergeben. Eine Generationengerechtigkeit kann unter diesen Umständen nicht gegeben sein. Und das obige Beispiel zeigt dann auch unmissverständlich: Die zweite Giraffenpopulation hat eine ungünstige Fortpflanzungsstrategie gewählt und stirbt in der Folge als Ganzes aus.

In den entwickelten Gesellschaften kann man nun ein ganz ähnliches Reproduktionsverhalten wie das der zweiten Giraffenpopulationen beobachten, man muss dazu lediglich „langen Hals" durch „großen Kopf" ersetzen. Wissen und kognitive Fähigkeiten avancieren zu den Kompetenzen, die in modernen und sich im globalen Wettbewerb befindlichen Gesellschaften die höchsten ökonomischen Vorteile (= Erfolg, Geld, Ressourcen) versprechen. Tatsächlich führen sie aber zu einer besonders geringen Zahl an Nachkommen.

In den nächsten Abschnitten wird gezeigt, dass einige, in modernen Gesellschaften bedeutsame, menschliche Erfolgsmerkmale ein genetisches Fundament besitzen, folglich der Evolution unterliegen.

3.4 Erblichkeit der Intelligenz

Es kann heute kein Zweifel mehr daran bestehen, dass ein nennenswerter Teil des menschlichen Denkens, Fühlens und Verhaltens eine biologische Basis besitzt, die im Überlebenskampf während der Menschwerdung entstanden ist (Eibl-Eibesfeldt 2004). Auch bei der Intelligenz[10] kann von einer erheblichen erblichen Komponente ausgegangen werden, wie die Zwillings- und Adoptionsforschung belegt (Vom Lehn 2004: 60; Borkenau 1993; Riemann/Spinath 2005: 616 ff.; Shaffer/Kipp 2006: 105 ff.; Weiss 2000; Paulus 2001; Roth 2003: 110ff.):

> *Die einschlägige Forschung nennt eine Zahl von 117 Paaren eineiiger Zwillinge, die zwischen 1937 und 1990 identifiziert wurden und entsprechenden Tests zur Verfügung standen. Gefunden wurde, dass die Intelligenz von getrennt aufgewachsenen eineiigen Zwillingen mit einem Koeffizienten zwischen 0,67 und 0,78 korreliert. Dies bedeutet, dass ihre Intelligenz zwar nicht völlig gleich ist, aber doch eine beträchtliche Ähnlichkeit aufweist. Man muss dabei berücksichtigen, dass bei gemeinsam aufgewachsenen eineiigen Zwillingen der Korrelationskoeffizient keineswegs 1 ist, wie man meinen könnte, sondern 0,86. Bei Tests an genetisch nichtverwandten adoptierten Kindern und ihren Adoptiveltern fand man hinsichtlich der Intelligenz eine sehr schwache Korrelation von 0,1 oder darunter, während die Intelligenz von Eltern und ihren leiblichen Kindern, die von ihnen zur Adoption freigegeben und also nicht von ihnen erzogen wurden, eine mittelstarke Korrelation von 0,4 aufwies.*
>
> *Was bedeuten diese vielfach bestätigten Resultate? Sie lassen erst einmal den Schluss zu, dass dasjenige, was man unter Intelligenz versteht, in einem erheblichen Maße angeboren ist, und dass die Umwelteinflüsse dabei eine relativ geringe Rolle spielen – wie anders kann man sonst*

---

[10] Was Intelligenz genau ist, ist umstritten. Meist wird jedoch darunter verstanden, dass es sich zum einen um eine allgemeine Lern-, Denk-, Vorstellungs-, Erinnerungs-, und Problemlösefähigkeit handelt, und zum anderen um den Besitz von Kenntnissen aus bestimmten Gebieten („Expertenwissen) (Roth 2003: 109). Die Argumentation auf den folgenden Seiten funktioniert aber noch immer völlig unverändert, wenn dabei überall Intelligenz durch Intelligenzquotient (IQ) ersetzt wird.

erklären, dass es kaum eine Korrelation zwischen der Intelligenz von Adoptiveltern und der ihrer Adoptivkinder gibt! (...)

Was Erziehung nach Ansicht von Experten hinzufügt, macht aus der Sicht der IQ-Statistik fünfzehn bis zwanzig Prozent der Gesamtintelligenz aus. Dies mag gering erscheinen, bedeutet aber, dass zum Beispiel eine Person, die ohne jegliche geistige Förderung einen IQ von 90 aufweist und damit leicht „minderbemittelt" wirken kann, bei intensivster Förderung auf einen IQ von 105 oder gar 110 kommen könnte und damit einen überdurchschnittlich intelligenten, wenngleich im Normbereich liegenden Eindruck macht. Wir müssen dabei berücksichtigen, dass zwei Drittel aller Personen im IQ-Intervall zwischen 85 und 115 liegen und sich hier relativ kleine Veränderungen im Intelligenzquotienten deutlich bemerkbar machen.

Die Größenordnung der erblichen Komponente an der Intelligenz ist nicht leicht abzuschätzen. Die verschiedenen Adoptions- und Zwillingsstudien legen aber nahe, dass der genetisch bedingte Anteil in jedem Fall oberhalb 50 Prozent und möglicherweise sogar jenseits 70 Prozent liegt (Borkenau 1993: 112 ff.; Riemann/Spinath 2005: 616 ff.; Shaffer/Kipp 2006: 105 ff.; Singler 2005; Bouchard/McGue 1990). Mit zunehmendem Alter scheint die Bedeutung des genetischen Anteils an der Intelligenz zuzunehmen (Riemann/Spinath 2005: 620 ff.; Shaffer/Kipp 2006: 105 ff.). Scarr und McCartney erklären dies damit, dass Individuen im Laufe ihres Lebens immer mehr die Kontrolle über ihre Umwelt gewinnen und selbstbestimmter werden. Hierdurch würden sich genetische Faktoren sukzessive stärker durchsetzen (Scarr/McCartney 1983). Diese These wird durch empirische Daten sehr gut gestützt. Genetische Scans lassen ebenfalls eine Verbindung von Genen mit der Intelligenz vermuten (Posthuma 2005; Dick 2007).

Die grundsätzliche Erblichkeit der Intelligenz lässt sich aber auch unmittelbar evolutionstheoretisch plausibilisieren. Ohne eine erhebliche erbliche Komponente bei der Intelligenzbildung dürfte sich die gesamte menschliche Gehirnentwicklung kaum erklären lassen.

Eine weitverbreitete Ansicht ist, der Mensch komme als unbeschriebenes Blatt zur Welt, und der erbliche Anteil an den kognitiven Fähigkeiten sei eher vernachlässigbar. Dies würde jedoch – in Kombination mit der Vereinbarkeitsthese – den elterlichen Beitrag an der Entwicklung ihrer Kinder beinahe zur Bedeutungslosigkeit degradieren. Das umfangreiche amerikanische ECLS-Projekt kam zu ganz anderen Ergebnissen (Levitt/Dubner 2006: 220 ff.).

3.5 IQ-Entwicklung

Richard Lynn behauptet auf Basis von Daten aus 1981, die deutsche Bevölkerung sei mit einem durchschnittlichen Intelligenzquotienten von 107 das intelligenteste Volk in Europa (Der SPIEGEL 2006a). Siegfried Lehrl stellt dagegen fest, in einer zweiten Studie aus dem Jahr 2001 sei der durchschnittliche Intelligenzquotient der Deutschen bereits auf den Wert 102 abgefallen (Der SPIEGEL 2006b). PISA scheint diesen Eindruck zu bestätigen, beziehungsweise die genannten Werte noch zu unterbieten (Mannes 2004: 19; Weiss 2006). Ähnliche ungünstige Entwicklungen werden auch von anderen westlichen Industrienationen behauptet (Lynn 1998; Preston 1998; Lynn/Vanhanen 2002; wissenschaft.de 2005).

Häufig wird eingewendet, die IQs der Bevölkerungen nähmen nicht ab, sondern es käme nur zu Verschiebungen zwischen den Nationen. In Wirklichkeit würde die Menschheit immer intelligenter, wie die fortlaufende künstliche Anpassung der IQs nach unten mittels des Flynn-Faktors beweise (Horx 2007: 52).

Der Flynn-Effekt bezeichnet die Tatsache, dass die Ergebnisse von IQ-Tests bis in die 1990er Jahre jährlich besser wurden, die Intelligenz also offenbar zunahm. In extrem hohen Bereichen war der Zuwachs geringer. Heute ist der Flynn-Effekt zwar in den Entwicklungsländern, allerdings nur noch in wenigen Industrienationen (namentlich Israel, Japan und Singapur) zu beobachten, wenngleich ein unterschiedliches Tempo festgestellt wird. Entdeckt wurde der Effekt von James R. Flynn, der einen Anstieg der IQs um durchschnittlich drei Punkte pro Jahrzehnt nachweisen konnte. Die deutsche Bevölkerung verbesserte sich etwa von 1954 bis 1981 um 17 IQ Punkte. Die räumlich-visuelle Intelligenz schien dabei stärker zuzunehmen als die verbale Intelligenz. In der Praxis werden Intelligenz-Tests deshalb regelmäßig neu „geeicht". Als Basis gelten die durchschnittlichen Ergebnisse aus Großbritannien, auf die wiederum der Flynn-Faktor angewendet wird.

Neuere Untersuchungen (Teasdale/Owen 2005) zeigen allerdings, dass der Flynn-Effekt in den meisten Industrienationen mittlerweile seine Wirkung verloren hat, und sich nun gar gegenläufige Effekte einstellen. So stagniert der mittlere IQ in vielen Ländern ab etwa 1990 und seit dem Ende der 1990er-Jahre nimmt er sogar wieder ab. Dies trifft namentlich auf Deutschland, Dänemark, Österreich, die Schweiz, Frankreich und England zu. Beispielsweise sank der mittlere IQ der deutschen 15-Jährigen von 2000 bis 2003 um zwei Punkte. Allerdings beruht dieses Ergebnis nicht auf direkter

Messung, sondern einer Umrechnung der PISA-Test-Ergebnisse, die als mit dem IQ korreliert angenommen werden (wissenschaft.de 2005).

Dabei scheint vor allem die fluide Intelligenz, die Fähigkeit neue Informationen schnell zu verarbeiten, ohne dabei auf Erfahrungen zurückgreifen zu müssen, abzunehmen. Die kristallisierte Intelligenz (Wortschatz, Bildung) bleibt hingegen offenkundig unverändert (wissenschaft.de 2005).

Unabhängig davon ist in Deutschland seit vielen Jahren ein kontinuierlicher Anstieg des Anteils der Studierenden mit mindestens einem akademischen Elternteil zu beobachten, und zwar von 29 Prozent in 1985 auf 44 Prozent in 2000 (Schnitzer/Isserstedt/Middendorff 2001: 119). Meist wird gesagt, dies belege, dass es in Deutschland noch immer keine gleichen Bildungschancen für Kinder aus bildungsfernen Schichten gebe. Dies übersieht allerdings, dass sich ein solcher Effekt erst recht herausstellen würde, wenn gesellschaftsweit absolute Chancengleichheit beim Bildungszugang bestünde, weil dann der hohe erbliche Anteil bei der Intelligenz zwangsläufig zum Ausdruck kommen müsste. Eltern mit hohem IQ würden dann nämlich mit höherer Wahrscheinlichkeit einen Hochschulabschluss erreichen und gleichfalls mit höherer Wahrscheinlichkeit Kinder mit hohem IQ haben, die nun wiederum mit einer höheren Wahrscheinlichkeit studieren werden.

3.6 Intelligenz und Wohlstand

In ihrem Buch *IQ and the Wealth of Nations* stellen die Autoren Lynn und Vanhanen (Lynn/Vanhanen 2002) die These auf, der Wohlstand eines Landes korreliere mit dem durchschnittlichen Intelligenzquotienten (IQ) der Bevölkerung. Auf Basis von Daten aus 81 Ländern errechnen sie eine Korrelation von 0,82 zwischen dem Pro-Kopf-Einkommen des Landes und dem durchschnittlichen IQ der Bevölkerung und eine Korrelation von 0,64 zwischen dem Wirtschaftswachstum der Jahre 1950 bis 1990 und dem IQ.

3.7 Sexuelle Arbeitsteilung

Stellen wir uns für einen Moment vor, alle Menschen seien Hermaphroditen, die sich gelegentlich miteinander paarten.

Das Selektionsprinzip der Evolutionstheorie erklärt die Evolution des Lebens auf der Erde damit, dass besser angepasste Individuen einer Population durchschnittlich mehr Nachkommen hinterlassen als andere. Konkret hieße das in unserer Situation: Sozial erfolgreichere Hermaphroditen würden durchschnittlich mehr Kinder haben als andere.

Wir befänden uns also sofort in dem bekannten Dilemma der modernen, gleichberechtigten Frau: Wie kann ich im Beruf „meinen Mann stehen" und daneben noch eine Familie gründen? Oder anders gesagt: Wie kann ich beide Aufgaben miteinander vereinbaren?

Aber nicht nur das: Das Selektionsprinzip der Evolutionstheorie verlangt ja noch viel mehr, und zwar das scheinbar Unmögliche: Ein beruflich ganz besonders erfolgreicher Hermaphrodit sollte in der Regel auch ganz besonders viele Kinder haben („Reproduktionserfolg korreliert mit sozialem/beruflichem Erfolg"), denn dann würde er seine Erfolgsmerkmale überproportional häufig an die nächste Generation weitergeben und damit zur Wahrung des Prinzips der Generationengerechtigkeit beitragen.

Wir stellen somit fest: *Das Selektionsprinzip der Evolutionstheorie beinhaltet einen Konflikt, der darin besteht, zwei völlig unterschiedliche und gegeneinander um die gleichen (zeitlichen) Ressourcen konkurrierende Aufgaben gleichzeitig optimieren zu wollen. Das Selektionsprinzip fordert nicht nur die Vereinbarkeit von Familie und Beruf, sondern vielmehr deren gleichzeitige Optimierung: Wenn der Beruf gegen ein Optimum strebt, dann sollte Familie das – im statistischen Mittel – auch tun!*

Sind die beiden Aufgabenbereiche *Produktion* und *Reproduktion* (übersetzt: *Beruf* und *Familie*) gleichermaßen mit hohen Aufwänden verbunden, so dürfte sich ein einziges Individuum damit schwer tun, beiden in gleicher Weise gerecht zu werden[11]. Der Mensch löste das Problem, indem er die sexuelle Arbeitsteilung erfand.

In menschlichen Gesellschaften bestehen aber im Vergleich zu anderen biologischen Populationen noch einige wesentliche Unterschiede, die sich im vorliegenden Kontext geradezu unheilvoll auswirken können. Denn ein besonders effizienter Hermaphrodit könnte ja in einer natürlichen Umgebung mehr Nahrung erlangen und dann auch mehr Nachkommen durchbringen. Auf Dauer würde sich dabei ein Gleichgewichtszustand einstellen: Bekommt

---

[11] Es handelt sich hierbei letztlich um einen Balanceakt zwischen zwei völlig unterschiedlichen, zeitaufwendigen Aufgaben. Aus diesem Grund wird in familienpolitischen Stellungnahmen auch häufig von einer Balance zwischen Familie und Beruf (beziehungsweise im Englischen von einer Work-Life-Balance) gesprochen, siehe zum Beispiel (BMFSFJ 2007a). Gemäß dem Selektionsprinzip der Evolutionstheorie ist hier jedoch keine Balance, sondern die gleichzeitige Optimierung beider Bereiche anzustreben, jedenfalls im statistischen Mittel und aus Sicht der gesamten Population.

er zuviel Nachwuchs, kann er diesen nicht mehr ausreichend ernähren, so dass es einige oder alle Jungen nicht bis ins Fortpflanzungsalter schaffen. Seine Gene würden folglich nicht ausreichend an die nächste Generation weitergegeben werden. Bekommt er zu wenige Jungen, nutzt er sein Fortpflanzungspotenzial nicht aus, und das Ergebnis wäre ebenfalls suboptimal (Dawkins 2007: 216). Grundsätzlich gilt aber unter solchen Verhältnissen: Wer mehr Nahrung beschafft, kann mehr Nachwuchs ernähren. Exakt so lautet ja auch das Selektionsprinzip der Evolutionstheorie.

Moderne, arbeitsteilig organisierte menschliche Gesellschaften kennen aber einen entsprechenden Effizienzbegriff nicht. Wer über herausragende Kompetenzen verfügt und bestimmte komplexe Aufgabenstellungen ganz besonders schnell und präzise erledigen kann, der wird in der Folge nicht weniger, sondern mehr arbeiten, denn seine Kompetenzen sind nun gefragt. Arbeitsteilung heißt Spezialisierung, und Spezialisierung setzt spezifische Kompetenzen voraus, die üblicherweise in langwierigen Ausbildungsprozessen erworben werden müssen. Selbstverständlich besteht dann ein erhöhtes Interesse daran, solche Kompetenzen auch einzusetzen und weiterzuentwickeln. Die Fähigkeit etwa, ein bestimmtes Computerprogramm in einer vergleichsweise kurzen Zeit fehlerfrei schreiben zu können, bedeutet in modernen, arbeitsteiligen Gesellschaften keineswegs, dass man nun deshalb zwei Stunden früher nach Hause gehen kann. Im Gegenteil: Nun wird ein solcher Mitarbeiter noch mehr gefordert werden, während sich das Unternehmen gegebenenfalls von anderen, weniger effizienten Arbeitnehmern trennt.

Aus diesem System kann auch nicht leicht ausgestiegen werden, zumal es international völlig einheitlich implementiert ist. Wer es dennoch versucht, der dürfte sich schon bald mit einer weniger qualifizierten und dann auch schlechter bezahlten Tätigkeit zufriedengeben müssen.

Wenn sowohl die berufliche Karriere als auch die Familienarbeit mit hohen zeitlichen Aufwänden (und damit mit jeweils hohen Opportunitätskosten) verbunden sind, und beide Geschlechter beide Aufgaben anteilsmäßig gleich erfüllen sollen, dann dürfte eine bessere Ausbildung und darauf aufbauend eine größere berufliche Verantwortung und Beanspruchung im statistischen Mittel immer mit einer geringeren Kinderzahl korrelieren. Daran werden Maßnahmen zur Verbesserung der Vereinbarkeit von Familie und Beruf nichts Entscheidendes ändern können.

Und dies hat dann zwangsläufig zur Folge, dass genetisch vermittelte Merkmale, die sozialen Erfolg üblicherweise eher begünstigen (zum Beispiel geistige Kompetenzen), sukzessive aus dem Spiel der Evolution ausscheiden.

Dies soll an einem Beispiel verdeutlicht werden. Stellen wir uns dazu zunächst eine patriarchalisch organisierte Population vor, deren Individuen über drei verschiedene Intelligenzniveaus verfügen: Hoch, mittel und niedrig, wobei jeweils genau ein Drittel (= 33,33 Prozent) der Männer und Frauen hoch, mittel oder niedrig intelligent sind. Hohe Intelligenz entspräche einem Intelligenzquotienten (IQ) von 130, mittlere einem IQ von 100 und niedrige einem von 70.

Ferner sei angenommen, ein Kind erbe mit einer jeweils 30-prozentigen Wahrscheinlichkeit entweder die Intelligenz des Vaters oder der Mutter. Mit einer 40-prozentigen Wahrscheinlichkeit erlange das Kind seine Intelligenz dagegen durch eine zufällige Mutation. Es habe dann anteilsmäßig eine beliebige sonstige (hohe/mittlere/niedrige) Intelligenz.

Für unsere fiktive patriarchalische Gesellschaft stellen wir uns nun weiter vor, Männer wählten aus der Gesamtheit der Frauen eine Partnerin aus, ohne deren geistige Kompetenzen vorher zu kennen[12]. Da sich in unserem Modell die individuelle Fertilität einer Frau ausschließlich an den ökonomischen Möglichkeiten ihres Ehemannes orientiert, der berufliche Erfolg von Männern aber in keinem Zusammenhang zu den geistigen Kompetenzen ihrer Ehefrauen steht, würden folglich Frauen mit hoher, mittlerer und niedriger Intelligenz durchschnittlich gleich viele Kinder pro Person in die Welt setzen, beispielsweise genau zwei.

Bei den Männern sähe das etwas anders aus. Intelligente und damit häufig beruflich erfolgreiche Männer könnten sich mehr Kinder als andere Männer leisten. Sie würden durchschnittlich 2,2 Kinder pro Person haben. Männer mit mittlerer Intelligenz kämen durchschnittlich auf zwei Kinder pro Kopf und Männer mit niedriger Intelligenz lediglich auf 1,8[13]. Die Folge: Die nächste Generation wäre durchschnittlich intelligenter als die vorangegange-

---

12 In der Praxis sieht das anders aus. Bei verheirateten Paaren lassen sich eine deutliche selektive Partnerwahl bezüglich der Intelligenz (Bouchard/McGue 1981) und ein Trend zur Bildungshomogamie (Wirth 1996; Wirth 2000; Eggen/Rupp 2006: 56) feststellen. Bei kurzfristigen Beziehungen stellen allerdings Männer im Gegensatz zu Frauen geringere Anforderungen an die Intelligenz des Sexualpartners (Kenrick/Sadalla/Groth/Trost 1990), was aus biologischen Gründen auch zu erwarten ist.

13 Entsprechende Fertilitätsunterschiede lassen sich für die gesamte Geschichte der Menschheit nachweisen (Betzig 1986; Voland 2000: 89 f.; Hopcroft 2006; 105).

ne. Hatte die Elterngeneration noch einen durchschnittlichen IQ von 100, so ist dieser bei der Folgegeneration bereits auf 100,6 angestiegen.

In modernen, der Gleichberechtigung der Geschlechter unterliegenden Gesellschaften streben sowohl Männer als auch Frauen nach gesellschaftlichen Positionen oder beruflichem Erfolg, wofür vorbereitend zum Teil intensive Ausbildungsgänge zu absolvieren sind[14]. Aufgrund der hohen Opportunitätskosten von Kindern bekommen Frauen dann umso weniger Kinder, je beruflich qualifizierter sie sind. Dieser Zusammenhang ist empirisch und theoretisch sehr gut abgesichert. Ein Überblick über die dazugehörigen Fertilitätstheorien und ihre Begründungen findet sich im Abschnitt *Fertilitätstheorien* auf Seite 5.

Stellen wir uns nun als Alternative zu unserer obigen patriarchalischen Population eine Gesellschaft mit Gleichberechtigung der Geschlechter vor, bei der die Frauen umso weniger Kinder bekommen, je qualifizierter sie sind. Wir nehmen also zum Beispiel an, Frauen mit hoher Intelligenz würden durchschnittlich 1,8 Kinder pro Person haben, Frauen mit mittlerer Intelligenz zwei, und Frauen mit niedriger Intelligenz immerhin 2,2.

Das generative Verhalten der Bevölkerung orientierte sich nun also sehr stark am sozialen Erfolg der Frauen. In patriarchalischen Gesellschaften war das – wie wir gesehen haben – genau umgekehrt.

Männer werden sich üblicherweise bevorzugt mit ähnlich qualifizierten Frauen verbinden und dann natürlich ähnlich viele Kinder wie ihre Partnerinnen haben, denn diese sind ja nun fertilitätsbestimmend. Aber auch unabhängig davon wären bei einer sehr starken Angleichung der Lebensentwürfe beider Geschlechter und einer paritätischen Aufteilung von Familienarbeit Männer nicht anders zu behandeln wie Frauen. Konkret hieße das: Männer mit hoher Intelligenz hätten dann 1,8 Kinder pro Person, Männer mit mittlerer Intelligenz zwei und Männer mit niedriger Intelligenz 2,2. In der Folge hätte die nächste Generation dann nur noch einen durchschnittlichen IQ von 98,8.

Ein typischer Einwand könnte lauten: Die Intelligenz eines Menschen ist vielleicht durchschnittlich nur zu 60 % erblich. Mit entsprechenden Fördermaßnahmen könnte der durchschnittliche IQ der Bevölkerung also ganz

---

[14] Für den sehr kurzen Zeitraum, der unter solchen Verhältnissen für den Aufbau einer beruflichen Karriere und die Gründung einer Familie bleibt, wurde in der Fachliteratur der Begriff „Rushhour des Lebens“ geprägt, siehe zum Beispiel (Bertram/Rösler/Ehlert 2005).

leicht wieder angehoben werden. Dieser Einwand ist allerdings nicht stichhaltig: Gemäß der in der Biologie allgemein akzeptierten und als Weismann-Barriere bezeichneten Regel, nach der Erfahrungen, die ein Individuum mit der Umwelt macht, nicht in den Erbgang einfließen können, würden die zusätzlichen Bildungsmaßnahmen keinen Einfluss auf den erblichen Teil der Intelligenz nehmen. Von Generation zu Generation müsste folglich immer mehr in zusätzliche Bildungsmaßnahmen investiert werden.

Zusammenfassend kann festgehalten werden: Eine entscheidende Grundlage der sexuellen Fortpflanzung mit Männchen/Weibchen-Populationen sind die von beiden Geschlechtern zu erbringenden unterschiedlichen Elterninvestments. Würde man in menschlichen Gesellschaften diese Unterschiede nicht nur im Einzelfall, sondern gesellschaftsweit nivellieren, dann zerstörte man damit wesentliche biologische Grundlagen der Spezies Mensch. Solche Gesellschaften würden von Generation zu Generation sukzessive an Intelligenz verlieren[15] und aufgrund der engen Korrelation von durchschnittlichem IQ der Bevölkerung und Pro-Kopf-Einkommen dann auch verarmen.

Das heißt nun aber nicht, unsere Gesellschaft müsse zwangsläufig wieder zum Patriarchat zurückkehren, wie es von anderen Autoren bereits prognostiziert wurde (FAZ.NET 2006), allerdings sehr wohl, dass auch weiterhin erkennbare Rollenunterschiede zwischen der Gesamtheit aller Männer und der Gesamtheit aller Frauen bestehen bleiben müssen. Die sehr niedrige bestandserhaltende Fertilitätsrate von 2,1 pro Frau würde nun auch Alternativen zum Patriarchat erlauben. Eine solche wird im Kapitel *Was tun?* auf Seite 55 vorgestellt.

---

[15] Die These eines sukzessiven genotypischen Intelligenzverlustes (und damit indirekt eines Kulturverlustes) moderner Gesellschaften ist insgesamt nicht neu (Vining 1982; Vining 1995; Lynn/Van Court 2004; Lynn 1998; Lynn 1996). Im vorliegenden Buch wird allerdings zusätzlich noch behauptet, hierbei handele es sich um eine zwangsläufige Folge einer zu starken Angleichung der Geschlechter mit ähnlichen bis identischen Lebensentwürfen für Frauen und Männer. Eine solche zunehmende Angleichung scheint auch in anderen historischen menschlichen Hochkulturen stattgefunden zu haben (Knaul 1977: 87 f.). Möglicherweise hat sie zu deren Untergang beigetragen.

4 Familiensoziologische Analyse

4.1 Kernfamilie

Im westlichen Kulturkreis wird heute unter Familie in der Regel die sogenannte *Kernfamilie* aus Vater, Mutter und deren Kindern verstanden.

In der Tat ist sie in modernen Gesellschaften die weiterhin häufigste Familienform. Alternative Modelle wie Alleinerziehung, Wohngemeinschaften, das Zusammenleben zweier Elternteile mit nichtgemeinsamen oder gar jeweils eigenen Kindern nehmen zwar anteilsmäßig zu, bleiben aber vorläufig noch in der Minderheit.

Allerdings werden die Begriffe Familie und Kernfamilie in der Soziologie nicht einheitlich verwendet. Für Rosemarie Nave-Herz ist beispielsweise die *Generationendifferenzierung* (zum Beispiel: Mutter mit Kindern) kennzeichnend für den Begriff der Familie, eine kinderlose Ehe ist für sie noch keine Familie (Nave-Herz 2002: 15).

4.2 Ernährermodell

Die Industriegesellschaft mit ihrem hohen Kapitaleinsatz und ihrer starken Verlagerung der Produktion aus dem häuslichen Bereich machte es erforderlich, dass ein Elternteil – üblicherweise der Mann – das Haus (das „ganze Haus“) verließ, um einer Erwerbsarbeit nachzugehen. Diese wurde mit Geld und/oder Waren vergütet, womit der Familienvater dann Frau und Kinder ernährte.

Als Familienform setzte sich deshalb sukzessive das *patriarchalische Ernährermodell* durch, bei dem der Vater als Ernährer der Familie fungierte, während sich die Mutter als *Hausfrau* um Haus und Kinder kümmerte.

Zwischen beiden Geschlechtern etablierte sich erneut die bereits biologisch vorgeprägte Aufgabenaufteilung, bei der der Mann primär für die *produktiven*, die Frau dagegen für die *reproduktiven* Aufgaben verantwortlich war. Eine ähnliche Konstellation gab es bereits in der Altsteinzeit während der Menschwerdung, als die Männer zur Jagd aufbrachen und die Frauen die Kinder aufzogen und gegebenenfalls in der Umgebung Pflanzen sammelten.

Allerdings ist hierbei auf einen entscheidenden Unterschied hinzuweisen, der gern übersehen wird: In der Altsteinzeit gingen in der Regel die Männer gemeinsam zur Jagd, um dann später ihre Beute mit ihren Frauen zu teilen. Ganz im Gegensatz dazu ist die moderne Familie als ökonomisch autarke Einheit angelegt, dass heißt, sie hat sich selbst zu versorgen. Übertragen auf die Altsteinzeit hieße das: Alle Männer gehen einzeln zur Jagd, haben alle für sich einen individuellen Jagderfolg, der dann ausschließlich ihren jeweiligen Familien zur Verfügung steht.

Im Rahmen einer Wertedebatte könnte deshalb auch durchaus angemerkt werden, dass das patriarchalische Ernährermodell vom Kern her individualistisch angelegt sei. Naturvölker würden möglicherweise sogar einen beträchtlichen Werteverlust reklamieren.

Beim Ernährermodell besteht eine Hierarchie an sozialen Funktionen: Der Mann ernährt und schützt die Frau, diese wiederum die Kinder.

Häufig wird das patriarchalische Familienmodell (Ernährermodell) wie folgt beschrieben:

- *Der Mann geht arbeiten, und die Frau zieht die Kinder auf.*

Wie der Ausdruck *Ernährermodell* bereits sagt, ist diese Beschreibung jedoch unvollständig. Präziser müsste es heißen:

- *Der Mann geht arbeiten und verdient dafür Geld, die Frau zieht die Kinder auf und verdient dafür kein Geld.*

Das patriarchalische Ernährermodell erwies sich in der Praxis als äußerst erfolgreich, zumal es ein ausgewogenes Gleichgewicht zwischen *Produktion* und *Reproduktion* etablierte, was es dem Staat erlaubte, sich weitestgehend aus der gesellschaftlichen Reproduktion herauszuhalten und diese als ausschließliche Angelegenheit seiner Bürger zu definieren.

Allerdings hatte das Modell einen entscheidenden Nachteil: Die Frauen verblieben dabei in ökonomischer Abhängigkeit von ihren Männern, eine Tatsache, die mit modernen Gleichheitsgrundsätzen nicht mehr zu vereinbaren war.

4.3 Familienmodell bei weiblicher Emanzipation

Die Neue Frauenbewegung hat das patriarchalische Ernährermodell erfolgreich bekämpft und ein anderes Familienmodell (*Vereinbarkeitsmodell*) dagegen gestellt (Träger 2007), welches in unserer Gesellschaft mittlerweile auf breiteste Akzeptanz stößt. Es basiert auf der Annahme einer grundsätzlichen *Vereinbarkeit von Familie und Beruf*.

- *Mann und Frau gehen beide arbeiten und verdienen dafür Geld. Außerdem teilen sie sich die Familienarbeit und verdienen dafür beide kein Geld.*

Vielen Familien erscheint die prinzipielle Vereinbarkeit dieser völlig unterschiedlichen und zeitaufwendigen Aufgaben jedoch als Mythos; sie erleben beides als Addition (Radisch 2007: 139ff.). Auch scheint die Reduzierung der Arbeitszeiten bei beiden Ehepartnern zwecks einer gerechteren Aufteilung der Familienarbeit aus ökonomischer Sicht für die betroffenen Familien häufig die schlechteste Lösung zu sein, da dann beide Ehepartner auf eine Karrieremöglichkeit und somit zusätzliche Verdienstmöglichkeiten verzichten müssen. Auch schließen zahlreiche Berufe Vereinbarkeitsszenarien von vornherein weitestgehend aus.

Bei einer größeren Familie mit vier oder fünf Kindern nimmt die Familienarbeit eine solche Größenordnung an, dass ein Elternteil (in der Regel die Mutter) über einen Zeitraum von zehn oder mehr Jahren keiner oder nur einer geringfügigen gleichzeitigen Erwerbsarbeit nachgehen kann und sollte (Ausnahmen bestätigen die Regel). Damit verfügt die Familie fast ausschließlich über das Einkommen des Ehemannes und damit über deutlich geringere Einkünfte bei gleichzeitig wesentlich höheren Kosten gegenüber berufstätigen Kleinfamilien beziehungsweise Kinderlosen.

Ferner sind solche Familien dazu gezwungen, für einen längeren Zeitraum zu einer modernen Abwandlung des patriarchalischen Ernährermodells zurückzukehren, was aber eigentlich nicht mehr dem Zeitgeist entspricht.

Dieses Familienmodell trägt den Namen *Phasenmodell*.

- *Mann und Frau gehen beide arbeiten und verdienen dafür Geld. Die Frau unterbricht ihre berufliche Tätigkeit für eine längere Familienphase und verdient in dieser Zeit kein Geld.*

Konkret heißt das: Während der *Familienphase* kommt das *patriarchalische Ernährermodell* zur Anwendung. Die Frau verzichtet dann auf nennenswerte Rentenansprüche, vor allem aber auf Kernerrungenschaften der weiblichen Emanzipation, nämlich Berufstätigkeit und ökonomische Selbständigkeit. Die Alternativen lauten jetzt: Ökonomische Abhängigkeit vom Ehemann oder von der Sozialhilfe. Daneben besitzt das Modell weitere Nachteile. Speziell für gut ausgebildete Frauen dürfte es wenig attraktiv sein.

Das klassische *Ernährermodell* inklusive seiner modernen Variante *Phasenmodell* hat in diesem Sinne also auch für größere Familien längst ausgedient. An die Stelle des Ehemanns als Ernährer der Familie tritt mehr und mehr der Staat (Bolz 2006: 35f.).

Dieser Tatbestand gilt in Deutschland bereits für einen nennenswerten Anteil kinderreicher Familien. Ca. 60 Prozent aller Alleinerziehenden mit zwei oder mehr Kindern gelten als arm. Bei Paaren öffnet sich die Schere ab drei Kindern (Schirrmacher 2006: 71).

Man könnte auch sagen: Basierte im Patriarchat die Familie noch auf Vereinbarungen zwischen Privatpersonen, so wird sie unter den Gesetzen der Geschlechtergleichberechtigung mehr und mehr zu einer öffentlichen Angelegenheit, bei der der Staat zunehmend in die Rolle des vormals männlichen Ernährers schlüpft.

Der Geburtenrückgang in den entwickelten Ländern ist in erster Linie auf das Verschwinden der Mehrkindfamilie zurückzuführen (Bertram/Rösler/Ehlert 2005: 10). Unter der Rahmenbedingung der Gleichberechtigung der Geschlechter gibt es aber für solche Familien zurzeit kein passendes Familienmodell.

Es wird deshalb ein (ergänzendes) Familienmodell zur Unterstützung von Mehrkindfamilien benötigt. Konkret könnte das so aussehen:

- *Der Mann geht arbeiten und verdient Geld, die Frau zieht die Kinder auf und verdient dafür ebenfalls Geld.*

Dieses Familienmodell wird im Rahmen des vorliegenden Buches als *Familienmanagermodell* bezeichnet. Wie im Kapitel *Was tun?* auf Seite 55 noch gezeigt wird, dürfte es das einzige Familienmodell sein, welches einen nennenswerten Anteil gut ausgebildeter Frauen unter den Gesetzen der Gleichberechtigung der Geschlechter zur Gründung einer Mehrkindfamilie bewegen könnte. Natürlich würde auch die umgekehrte Variante (*Die Frau geht arbeiten und verdient Geld, der Mann zieht die Kinder auf und verdient dafür ebenfalls Geld*) funktionieren, allerdings dürften solche Konstellationen eher selten sein. Ferner würde das Modell Alleinerziehung (*Die Frau zieht die Kinder auf und verdient dafür Geld*) – gegebenenfalls im Zusammenleben mit unterschiedlichen Partnern – unterstützen, was für moderne Gesellschaften unerlässlich zu sein scheint. Es umgeht die Problematik der *Vereinbarkeit von Familie und Beruf*, indem es *Familie zum Beruf* macht.

Wenn es laut Präferenzmodell (siehe Abschnitt *Zusätzliche fertilitätsrelevante Aspekte* auf Seite 9) Frauen jedes Qualifikationsniveaus gibt, die lieber eine größere Familie gründen würden als einer Erwerbsarbeit nachzugehen (Hakim 2005; Bertram/Rösler/Ehlert 2005: 27ff.), dann ist die grundsätzliche Nichtkommerzialisierbarkeit dieser für unsere Gesellschaft so eminent wichtigen Familienarbeit nicht mit den Prinzipien der Geschlechtergleichberechtigung vereinbar, weil sonst solche Frauen in ihrer Lebensplanung massiv benachteiligt werden. Im Prinzip sind das Banalitäten.

4.4 Familienpolitisches Dilemma

Familien sind in unserer Gesellschaft ökonomisch autarke Einheiten, die sich vom Grundsatz her selbst zu ernähren haben[16]. Ein solches Dogma ist aber alles andere als selbstverständlich, denn viele Naturvölker kennen etwas Vergleichbares nicht.

Im Patriarchat gab es dafür ein ganz einfaches Familienmodell, welches sich sinnigerweise dann auch noch Ernährermodell nannte: Der Mann beschaffte die erforderlichen Ressourcen, und die Frau zog die Kinder auf. Dabei galt: Wer mehr Ressourcen erlangte, konnte sich folglich auch mehr Kinder „leisten“, sofern er nur wollte.

Im Rahmen der Gleichberechtigung der Geschlechter wurde das obige Dogma unbesehen übernommen. Nun beschaffen im Rahmen des gesellschaftlich präferierten Vereinbarkeitsmodells Mann und Frau die erforderlichen Ressourcen, während sie sich gleichzeitig die Familienarbeit paritätisch teilen.

Leider ist dies prinzipiell nicht möglich. Denn spätestens ab dem dritten oder vierten Kind nimmt die Familienarbeit ein solches Ausmaß an, dass entweder ein Elternteil oder gar beide ihre Arbeitszeiten signifikant reduzieren müssen, und zwar selbst dann, wenn sie auf eine optimale Vereinbarkeitsinfrastruktur zurückgreifen können.

Mit jedem weiteren Kind dürfte sich die Situation weiter verschärfen. Dies führt dann zu dem folgenden, bemerkenswerten Dilemma:

- *Mit zunehmender Kinderzahl steigen die Ausgaben für die Familie, während gleichzeitig ihre Einkünfte sinken*[17] [18].

---

16 Soziologen rechnen der modernen Familie folglich eine „wirtschaftliche Funktion“ zu.

17 Man könnte diese Aussage auch als die Brasilianisierungsformel bezeichnen, denn aus genau diesen Gründen wird in den entwickelten Ländern zunehmend Armut „produziert“.

Ich möchte das an einem – allerdings stark vereinfachenden – Beispiel deutlich machen:

Ehepaar Müller ist beruflich qualifiziert und erfolgreich. Die beiden Ehepartner verdienen monatlich jeweils 3.000 Euro nach Steuern. Mit jedem Kind würden ihnen 500 Euro an zusätzlichen Kosten entstehen, bei vier Kindern also 2.000 Euro. Gleichzeitig hätten sie dann soviel Familienarbeit, dass sie beide nur noch halbtags arbeiten gehen könnten. In der Folge reduzierten sich ihre Einkünfte auf jeweils 1.500 Euro pro Monat, das heißt, auf insgesamt 3.000 Euro. Verdienten sie also vorher zusammen 6.000 Euro im Monat, die ihnen allein zur Verfügung standen, hätten sie mit ihren vier Kindern noch 3.000 Euro, während ihre Kosten gleichzeitig um 2.000 Euro angestiegen wären. Im Endeffekt würden sich ihre persönlichen Einkünfte durch die Familiengründung von 6.000 Euro auf 1.000 Euro pro Monat reduzieren.

Das gerade geschilderte Dilemma ist mit den bislang öffentlich diskutierten familienpolitischen Maßnahmen auch nicht einmal ansatzweise behebbar. In der Folge verschwinden die größeren Familien, oder sie werden systematisch in die Sozialhilfe abgedrängt, wo das Selbsternährerdogma nicht mehr gilt, denn dort versorgt ja der Staat.

Dies wäre alles noch hinnehmbar, wenn die gesellschaftliche Reproduktion auch ohne größere Familien funktionieren könnte. Diverse Analysen konnten jedoch zeigen: Dies ist nicht möglich. Und so wies denn auch der 7. Familienbericht der Bundesregierung erneut darauf hin, dass der Geburtenrückgang in Deutschland, aber auch in vielen anderen entwickelten Ländern, in erster Linie auf das Verschwinden der Mehrkindfamilie zurückzuführen ist (Bertram/Rösler/Ehlert 2005: 10).

Eine Konsequenz aus den obigen Ausführungen ist:

- *Die Familie, wie wir sie kennen, ist mit der Gleichberechtigung der Geschlechter nicht kompatibel. Unter den aktuellen Rahmenbedingungen muss das System Familie neu überdacht werden.*

Der gerade dargestellte Zusammenhang ist so extrem banal und offensichtlich, dass sich die Frage aufdrängt, warum er nicht ständiges Thema der

---

[18] Auf die Unternehmenswelt übertragen könnte das Dilemma wie folgt lauten: „Mit zunehmenden Investitionen in die Zukunft des Unternehmens sinken die Umsätze.“ Unternehmen würden unter diesen Umständen ihre Investitionen in die Forschung einstellen. Offenbar handeln moderne Paare ganz entsprechend.

öffentlichen Debatte zur Familienproblematik ist. Ich habe darauf nur eine Antwort: Stark gegenläufige Interessen wollen das Problem nicht behandelt wissen, folglich wird es totgeschwiegen und tabuisiert. Dabei besitzt es das Potenzial, unsere Gesellschaft systematisch zu verarmen und zu zerstören.

5 Allgemeine soziologische Analyse

Die weibliche Emanzipation ist ganz eng mit einer Loslösung der Frauen aus tradierten Rollenvorgaben – insbesondere „Hausfrau und Mutter“ – verbunden. Es geht also hierbei letztlich um Individualisierungsprozesse auf Seiten der Frauen. Das vorliegende Kapitel analysiert den Geburtenrückgang in den entwickelten Ländern aus Sicht der Individualisierungsthese. Einführend dazu wird aber zunächst ein volkswirtschaftliches Dilemma mit dem Namen „*Tragik der Allmende*“ erläutert, denn es ist für das Verständnis der weiteren Ausführungen von entscheidender Bedeutung.

5.1 Die Tragik der Allmende

Unter der *Tragik der Allmende* (Hardin 1968) versteht man in der Volkswirtschaftslehre die Beobachtung, dass Menschen unter bestimmten Bedingungen bei einer gemeinschaftlichen Tätigkeit, bei der der individuelle Ertrag den Personen nicht zurechenbar ist, weniger leisten. Dieses Problem tritt häufig bei Gemeinschaftseigentum, sogenannten Allmenden, auf.

Dies sei an einem Beispiel erläutert:

Angenommen, eine Gruppe von 80 Personen bewirtschaftet gemeinsam ein Feld. Alle Gruppenmitglieder haben bei voller Arbeitsleistung einen Aufwand von 50 Einheiten, ziehen jedoch dann einen Ertrag von 100 Einheiten aus der Ernte, die sie ja in gleichen Teilen erwirtschaften. Die *Tragik der Allmende* besteht nun darin, dass bei genügend großer Gruppengröße die Faulheit eines einzelnen Mitglieds die Ernte pro Gruppenmitglied nur unwesentlich verringert, der Aufwand für das faule Gruppenmitglied aber stark abnimmt, wodurch sein Nutzen insgesamt steigt.

Wenn alle 80 Gruppenmitglieder voll arbeiten, dann erwirtschaften sie gemeinsam einen Ertrag von 80*100 = 8.000 Einheiten.

Jedem Gruppenmitglied steht am Ende ein Ertragsanteil von 100 Einheiten zu. Zieht er davon seinen Aufwand von 50 Einheiten ab, dann hat er einen eigenen Nutzen von 50 Einheiten erwirtschaftet.

Angenommen, ein Mitglied arbeitet nur halb so viel wie die anderen Gruppenangehörigen. Dann hat er nur noch einen Aufwand von 25 Einheiten. Für die Gesamtgruppe ergibt sich nun ein Ertrag von 79*100 + 100*1/2 = 7.950

Einheiten. Jedem Gruppenmitglied steht unter diesen Umständen ein individueller Ertrag von 99,375 Einheiten zu. Für die voll arbeitenden Mitglieder ergibt dies einen Nutzen von 99,375 – 50 = 49,375 Einheiten.

Günstiger sieht der Ertrag für das etwas faulere Gruppenmitglied aus, denn dieses erwirtschaftet einen Nutzen von 99,375 – 25 = 74,375 Einheiten.

Obwohl ein Gruppenmitglied also nur die Hälfte geleistet hat, erzielt es mit 74,375 Einheiten einen deutlich größeren Nutzen als vorher (50 Einheiten) beziehungsweise als die anderen Gruppenmitglieder aktuell erzielen (49,375 Einheiten).

Es lohnt sich also in einer Allmende, faul zu sein, sofern eine gewisse Anzahl an Mitgliedern es nicht ist. Es ist nun aber zu erwarten, dass sich immer mehr Gruppenmitglieder faul verhalten werden und der Gruppenertrag noch weiter sinken wird, denn Menschen geht es meist weniger um die Maximierung des eigenen Vorteils, sondern darum, nicht selbst in eine schlechte Position zu geraten (Schirrmacher 2006: 67).

Die *Tragik der Allmende* schaukelt sich dann weiter hoch, und die gesamte Gruppe gerät in eine *Rationalitätenfalle*, bei welcher Kollektivrationalität und Individualrationalität im Konflikt miteinander stehen.

5.2 Individualisierungsthese

Die in der Soziologie sehr weit akzeptierte *Individualisierungsthese* besagt nun, dass sich der Einzelne in modernen Gesellschaften immer stärker aus übergeordneten Vorgaben bezüglich Geschlecht, Alter beziehungsweise sozialer oder regionaler Herkunft löst, so dass es zu einer drastischen Zunahme der individuellen Entscheidungsspielräume und einer Reduzierung des Grads der Außensteuerung kommt: Das Individuum wird zentraler Bezugspunkt für sich selbst und die Gesellschaft (Junge 2002: 7).

Die erste Phase der *Individualisierung*, die im Wesentlichen auf Männer beschränkt blieb, bezeichnet die Zeit vom Beginn des Industrialisierungsprozesses bis Mitte des 20. Jahrhunderts (Peuckert 2005: 362f.).

Seit den 60er Jahren des 20. Jahrhunderts findet ein neuer Individualisierungsschub statt, der nun auch – unterstützt durch leistungsfähige und durch die Frauen selbst kontrollierbare Empfängnisverhütungsmittel – die Frauen mit einschließt.

Auslöser war aber gemäß Ulrich Beck auch die wohlfahrtsstaatliche Nachkriegsentwicklung mit weit vorangetriebenen sozialen Sicherungssystemen, gepaart mit einem hohen materiellen Lebensstandard, der die Menschen aus ihren traditionalen Bindungen riss und sie verstärkt auf sich selbst und ihr individuelles Arbeitsmarktsrisiko verwies (Peuckert 2005: 363f.).

Individualisierung bewirkt nicht nur eine stärkere Abhängigkeit des Einzelnen von Leistungen Dritter und dabei zum Teil auch von (wohlfahrts)staatlichen Funktionen (Bildungseinrichtungen, innere Sicherheit, Rechtsprechung, Altersversorgung etc.) (Beck 2006: 109f.), sondern setzt diese geradezu voraus. Dies hat aber umgekehrt zur Konsequenz, dass der Wohlfahrtsstaat immer mehr Funktionen übernehmen und garantieren muss, die gemeinhin dem Kollektivverhalten zuzurechnen sind (Lange/Braun 2000: 20).

Wird dem Individuum also zugestanden, sich zeitlich möglichst vollständig auf eine am Arbeitsmarkt angeforderte Leistung zu konzentrieren und seinen individuellen Lebenslauf frei zu wählen (Hradil 1995), dann müssen bei sich einstellenden Defiziten alle anderen Leistungen, die üblicherweise Teil seiner zu erbringenden *Kollektivleistung* sind (zum Beispiel Herstellen von Sicherheit, Weitergabe von Wissen, Aufziehen von Nachwuchs, Versorgung Älterer, Unterstützung von Notleidenden) von Dritten und damit unter Umständen vom Wohlfahrtsstaat übernommen werden. Dieser wird sich dabei häufig selbst des Arbeitsmarktes bedienen, beispielsweise um dort geeignete Lehrer für das Unterrichten von Kindern zu rekrutieren.

Vereinfacht könnte man den Prozess wie folgt beschreiben:

- In traditionellen Gesellschaften hatten die Menschen neben ihren individuellen Aufgaben auch kollektive Pflichten zu erfüllen. Dazu dienten unter anderem gesellschaftliche Rollenvorgaben.
- Im Rahmen der *Individualisierung* verselbständigt sich der Einzelne nun immer mehr gegenüber der Gemeinschaft. Dabei löst er sich von den traditionalen Rollenvorgaben. Als Handelnder sucht er seinen individuellen Erfolg zum Beispiel bei einer Erwerbsarbeit, wo er umso mehr Einkommen erzielen kann, je geringer seine Aufwände (inklusive Opportunitätskosten) bei den Gemeinschaftsaufgaben sind, denn er hat ja dann mehr Zeit für die Erwerbsarbeit. Für ihn lohnt es sich also ganz besonders, bei den „sozialistischen" Gemeinschaftsaufgaben „faul" zu sein, weswegen es dort zwangsläufig zur Tragik der Allmende kommen wird.

- Die verbindliche Ausführung von notwendigen Gemeinschaftsaufgaben muss nun also auf andere Weise gewährleistet werden. Dazu dient die *Institutionalisierung*. Statt die Kollektivaufgaben weiterhin dem Einzelnen anteilsmäßig aufzubürden, werden sie an Dritte ausgelagert, und zwar ganz häufig an den Wohlfahrtsstaat. Dieser erwartet dann aber von seinen Bürgern einen Obolus, üblicherweise in Form von Steuern oder eines sogenannten Parafiskus. Diese Steuern müssen wiederum verpflichtend erhoben werden, andernfalls dürfte es bei der Steuerzahlung selbst zur Tragik der Allmende kommen. Steuern stellen somit ein Äquivalent für die Summe aller Kollektivaufgaben des Individuums dar. Wenigstens dieser Punkt muss verpflichtend bleiben[19].
- Der Wohlfahrtsstaat wird dann neue Institutionen schaffen, die die freigesetzten Gemeinschaftsaufgaben in seinem Sinne und Auftrag erfüllen.
- Finanziert werden die Institutionen durch die Steuerzahlungen der Bürger. Die Mitarbeiter der neu erschaffenen Organe rekrutiert der Staat wie jedes andere Unternehmen über den Arbeitsmarkt, so dass auch diese von den Vorteilen der Individualisierung profitieren können. Die bisherige Kollektivaufgabe wird auf diese Weise professionalisiert und damit indirekt aufgewertet. Am Ende ist sie ganz häufig ein integraler Bestandteil der arbeitsteiligen Wirtschaftswelt.

Heute gehört die Gewährleistung der inneren Sicherheit (Schutz) als vormals männliche Kollektivaufgabe zu den wichtigsten Aufgaben des Nationalstaates und dieser besitzt das Gewaltmonopol. Der Beruf des Polizisten ist uns eine Selbstverständlichkeit geworden. Ähnliches gilt für die Bildung von Kindern, bei der es sich in früheren Gesellschaften ebenfalls um eine mehrheitlich männliche Aufgabe handelte, da Bildung nicht selten auf das männliche Geschlecht beschränkt blieb. Interessanterweise wird die moderne institutionalisierte Form der genannten gesellschaftlichen Kollektivaufgaben keineswegs mehr geschlechtsspezifisch ausgeführt.

Die Herausbildung der Territorialstaaten ist ganz wesentlich auf den ersten, und vorrangig die Männer betreffenden Individualisierungsschub vor ca. 300 Jahren zurückzuführen (Zürn 2005: 95).

---

19 Neuerdings versucht man mit dem bedingungslosen Grundeinkommen auch diesen letzten Rest an verbindlichen Kollektivaufgaben in Frage zu stellen (Werner 2007), was aber aus den genannten Gründen nicht möglich sein dürfte (Mersch 2007b).

Die Individualisierung auf Seiten der Männer hatte also gravierende gesellschaftliche Organisationsänderungen zur Folge. Das dürfte bei der Individualisierung auf Seiten der Frauen auf Dauer nicht viel anders aussehen. Leider wird darüber bislang aber auch nicht ansatzweise diskutiert. Offenbar hat man in unserer Gesellschaft die folgende Vorstellung: Die Individualisierung auf Seiten der Männer hatte Territorialstaat, staatliches Gewaltmonopol, Polizei und Schulen zur Folge, bei der weiblichen Individualisierung, bei der es sich möglicherweise um die größte soziale Umwälzung der letzten zwei Millionen Jahre handelt, reichen dagegen ein paar zusätzliche Krippenplätze[20].

Die obigen Ausführungen konnten zeigen, dass sich das Individuum im Rahmen von Individualisierungsprozessen von „sozialistischen" Kollektivaufgaben trennt. Die Frauen waren bislang für die lebensnotwendige Kollektivaufgabe „bestandserhaltende gesellschaftliche Reproduktion" (Gebären und Aufziehen von Kindern) verantwortlich, deren Gewährleistung in patriarchalischen Gesellschaften durch die verbindliche Rolle „Hausfrau und Mutter" erfolgte. Mit der Emanzipation der Frauen muss nun die zufriedenstellende Ausführung dieser Kollektivaufgabe auf andere Weise sichergestellt werden. Wie die Erfahrung gezeigt hat, ist dies aber mit einem Mix aus Anreizen und Sanktionen beziehungsweise einer bescheidenen Senkung von Opportunitätskosten (durch Vereinbarkeitsmaßnahmen) nicht möglich, da es dann über kurz oder lang stets zur Tragik der Allmende innerhalb der gesellschaftlichen Reproduktion kommen dürfte, zumal reproduktiv „faule" Frauen und Männer ihre gewonnene Zeit ja auch noch gewinnbringend im Rahmen einer Erwerbstätigkeit einsetzen können.

Zu dieser Tragik der Allmende ist es in den entwickelten Ländern längst gekommen, und zwar ganz besonders in gebildeten Bevölkerungskreisen, wo die Opportunitätskosten von Kindern selbst bei optimaler Vereinbarkeitsinfrastruktur immer sehr hoch bleiben werden (siehe die Ausführungen in den Kapiteln *Fertilitätstheoretische Analyse* auf Seite 5 und *Familiensoziologische Analyse* auf Seite 35). Eine Lösung für das demographische Problem in den entwickelten Ländern wird deshalb aus Sicht der Individualisierungsthe-

---

20 Die Individualisierungsthese geht unter anderem von einer zunehmenden gesellschaftlichen Arbeitsteilung aus. Es darf deshalb ein wenig verwundern, dass man bei der Individualisierung auf Seiten der Frauen hartnäckig und unwidersprochen die umgekehrte Richtung (Zusammenführung der allerersten menschlichen Arbeitsteilung) propagiert. Daraus kann eigentlich nur gefolgert werden: Entweder ist die Individualisierungsthese falsch (beziehungsweise auf Frauen nicht anwendbar), oder die Individualisierung der Frauen wird nicht korrekt ausgeführt. Ich überlasse es dem Leser, die geeigneten Schlüsse zu ziehen.

se so aussehen müssen, wie sie bislang in allen vergleichbaren Fällen immer ausgesehen hat: Institutionalisierung und Professionalisierung. Hierdurch würde auch der reproduktive Bereich aufgewertet und gegenüber dem Wirtschaftsgeschehen gleichgestellt. Eine solche Gleichstellung dürfte aber ohnehin die unabdingbare Voraussetzung für die vollständige Gleichstellung der Geschlechter sein (siehe dazu auch die Ausführungen im Kapitel *Familiensoziologische Analyse* auf Seite 35). Man wird dies also auch aus anderen Gründen tun müssen.

6 Ökonomische Analyse

6.1 Marktwirtschaft und Reproduktion

Einzelpersonen und Unternehmen gehen einer wirtschaftlichen Tätigkeit nach, ein Staat unterstützt sie dabei, dies innerhalb seiner Grenzen möglichst erfolgreich und störungsfrei tun zu können. Dabei spielen diverse Standortfaktoren eine entscheidende Rolle (Kaufmann 2005a: 170; Radermacher/Beyers 2007: 151f.).

Optimalerweise hält sich ein Staat aus dem eigentlichen Marktgeschehen weitestgehend heraus und sorgt stattdessen für attraktive Infrastrukturen und leistungsfähige Regelwerke, auf denen sich die Märkte entwickeln können.

Daneben verbleibt als eine wesentliche staatliche Aufgabe die Reproduktion und Mehrung des Humanvermögens (Kaufmann 2005a: 30).

Denn üblicherweise stellt ja das Humankapital in Form von „*gut ausgebildeten, orientierten und motivierten Menschen*“ (Radermacher/Beyers 2007: 151) eines der wichtigsten vermarktbaren „Produkte“ eines Landes dar, speziell dann, wenn dieses nicht über reichliche Bodenschätze wie etwa Erdöl verfügt. Anders als beim Erdöl handelt es sich beim Humankapital jedoch um eine erneuerbare Ressource, die regelmäßig in hoher Qualität „reproduziert“ werden kann und muss. Wie im Abschnitt *Erblichkeit der Intelligenz* auf Seite 26 gezeigt wurde, spielen dabei aber nicht nur Erziehung und Bildung, sondern ganz entscheidend auch erbliche Faktoren eine Rolle. Die über den durchschnittlichen Intelligenzquotienten grob messbaren Humankapitalqualitäten einer Bevölkerung scheinen eng mit dem Wohlstand eines Landes zu korrelieren (siehe die Ausführungen im Abschnitt *Intelligenz und Wohlstand* auf Seite 29). All dies hebt die enorme Bedeutung der gesellschaftlichen Reproduktion aus Sicht eines Territorialstaates hervor.

Die gesellschaftliche Reproduktion ist jedoch – anders als das eigentliche Wirtschaftsgeschehen – in den Industrienationen zurzeit „sozialistisch“ organisiert (der Aufwand für das Aufziehen von Kindern ist von den Familien privat zu erbringen, der Nutzen wird dagegen sozialisiert), weswegen es gemäß den Ausführungen im Abschnitt *Die Tragik der Allmende* auf Seite 43 zu den dort beschriebenen Problemen kommen wird, was ja in den meisten modernen Gesellschaften in Form des demographischen Wandels auch längst zu beobachten ist.

6.2 Unternehmen und Reproduktion

Auch Unternehmen kennen die Unterscheidung von Produktion und Reproduktion (Erneuerung = Forschung & Entwicklung). Betrachten wir dazu einmal einen Pharmakonzern wie Pfizer.

Medikamente besitzen üblicherweise einen Patentschutz von bis zu zwanzig Jahren. Wenn der Patentschutz eines umsatzstarken Medikamentes ausläuft, dann dürfte die Vermarktung des Produktes schwieriger werden, es altert sozusagen. Oft kann der Hersteller noch kleinere Verbesserungen vornehmen, die die Konkurrenz wieder etwas auf Abstand halten. Man könnte solche Produktinnovationen mit Qualifizierungsmaßnahmen beim Menschen vergleichen.

Aber irgendwann dürfte es dann auch bei dem besten Medikament soweit sein: es können kaum noch Gewinne erzielt werden. Das Produkt geht „in Rente“. Doch wovon sollte Pfizer dann leben? Selbstverständlich von den Produkten, die in der Zwischenzeit in den Forschungs- und Entwicklungslabors herangereift sind.

High-Tech-Unternehmen, die es gewohnt sind, auf Märkten mit anderen Unternehmen um Kunden zu konkurrieren, wissen, dass sie in ihre zukünftigen Produkte investieren müssen, das heißt, in Forschung und Entwicklung, oder abstrakter ausgedrückt: in ihre Produkt-Reproduktion. Tun sie dies nicht, laufen sie Gefahr, den technologischen Anschluss und damit Kunden an andere Anbieter zu verlieren. Mit zunehmender Konkurrenz steigt die Bedeutung der Reproduktion. Innovativen Unternehmen waren diese Zusammenhänge schon immer bewusst.

Bei Produktion und Reproduktion handelt es sich um eigenständige und gleichgewichtige Aufgaben. Das folgende Beispiel macht deutlich, dass diese nur schwer miteinander vereinbar sind.

Unternehmen investieren in neue Produkte (das heißt in ihre Reproduktion) häufig ähnlich lange vor, wie dies menschliche Gesellschaften beim Aufziehen von Nachwuchs tun. Ein neues Medikament hat in der Pharmaindustrie heute üblicherweise eine Entwicklungszeit von 12 bis 15 Jahren. In zahlreichen anderen Branchen (zum Beispiel Automobilindustrie) sieht es ganz ähnlich aus. Rechnet man die Grundlagenforschung dazu, dann führen neue

Erkenntnisse manchmal erst in 25 Jahren zu neuen Produkten, wobei die Produkteinführung nicht selten nochmals mehrere Jahre andauern kann. Erst dann können endlich Gewinne eingefahren werden. Und kommt es im Rahmen von Produktzulassungsprozessen zu Problemen, dann muss gegebenenfalls eine neue Produktlinie, deren Entwicklung 20 Jahre vorher hoffnungsfroh begonnen wurde, am Ende sogar vollständig eingestellt werden.

Betrachten wir deshalb einmal das folgende fiktive Pharmaunternehmen:

Die eigentliche Produktion besteht in der Herstellung und Vermarktung von verschiedenen Medikamenten. Damit wird letztlich das Geld verdient. In der Produktion arbeiten ausschließlich Frauen, die für ihre Tätigkeit auch entlohnt werden.

In der Forschung (Reproduktion = Produkterneuerung) sind dagegen ausschließlich Männer beschäftigt. Diese erhalten kein Gehalt, da mit der Forschung keine Einnahmen erzielt werden.

Irgendwann ist es den Forschern zu bunt. Aber anstatt auf einer angemessenen Bezahlung für ihre reproduktiven und auf lange Sicht für das Unternehmen bedeutsamen Tätigkeiten zu bestehen, beharren sie auf ihrem Recht, nun ebenfalls in der Produktion beschäftigt zu werden, um Geld verdienen zu können. Aus Gründen der Geschlechtergleichstellung kann man ihnen diesen Wunsch nicht verwehren, so dass nun massenhaft Männer in die Produktion drängen. Die Folge ist: Die Reproduktion liegt danieder, die Zukunft des Unternehmens steht auf dem Spiel.

Gleichzeitig ist jetzt das Arbeitsangebot für die Produktion zu groß, so dass Frauen ab 50 in Frührente geschickt werden und weniger qualifizierte entlassen. 50-jährige Männer werden erst gar nicht übernommen und bei den weniger qualifizierten gilt das Gleiche. Ebenso sinken die Gehälter, während die Anforderungen steigen, denn die Auswahl an potenziellen Arbeitnehmern ist groß. Es passieren also ziemlich genau die Dinge, an die wir uns in unserer Gesellschaft auch längst gewöhnt haben.

Die Forderung nach einer besseren Vereinbarkeit von Familie und Beruf entspricht in unserem Pharmakonzern-Beispiel dem Anliegen, vorwiegend die Männer sollten neben der Produktion auch noch ein wenig Forschung betreiben: Tagsüber Herstellen von Pillen, abends unentgeltliches Forschen im Labor. In ernsthaften Unternehmen wäre man sich sehr schnell im Klaren darüber: Dies kann und wird nicht funktionieren. Aber Staaten sind ja auch keine ernsthaften, gewinnorientierten Unternehmen…

6.3 Staat und Reproduktion

Wir stellen fest: Hart kalkulierende und durch und durch ökonomisch denkende, gewinnorientierte Unternehmen investieren Milliardensummen in ihre Reproduktion, obwohl sich diese nicht unmittelbar „rechnet“. Sie beschäftigen in diesen Bereichen üblicherweise ihre fähigsten Mitarbeiter. Oft repräsentieren solche Abteilungen sogar die eigentliche Kernkompetenz des Unternehmens, während fast alles andere ausgelagert werden könnte und zum Teil auch wird.

Dabei fällt aber vor allem eins auf: Leistungsfähige Unternehmen organisieren sowohl ihre produktiven als auch reproduktiven Bereiche marktwirtschaftlich, Staaten tun dies dagegen nicht (siehe die *kursiv* markierten Bereiche in der folgenden Abbildung, in der Deutschland mit dem Pharmaunternehmen Pfizer verglichen wird).

Oder anders gesagt: Moderne, der Gleichberechtigung der Geschlechter unterliegende Gesellschaften weisen einen massiven Organisationsfehler auf.

	Pfizer		**Deutschland**	
	Reproduktion	**Produktion**	**Reproduktion**	**Produktion**
Name	Forschung & Entwicklung	Produktion, Marketing, etc.	Familien- und Erziehungsarbeit	Wirtschaft
Organisation	*Marktwirtschaft*	Marktwirtschaft	*Sozialistisch*	Marktwirtschaft
Finanzierung	*Durch Produktion*	Produktverkauf	*Privat*	Produktverkauf
Produkte	Neue Medikamente	Relpax, Viagra, etc.	Neue menschliche Kompetenzen	Menschliche Kompetenzen
Zeitspanne	12-20 Jahre	20-40 Jahre	18-25 Jahre	30-45 Jahre

Abbildung 1: Vergleich der internen Organisationen von Unternehmen und Gesellschaften

Im folgenden Kapitel wird vorgeschlagen, einige marktwirtschaftliche Elemente nun auch auf die gesellschaftliche Reproduktion zu übertragen. Es erscheint nämlich kaum vorstellbar, dass eine marktwirtschaftliche Produktion und eine sozialistisch organisierte Reproduktion dauerhaft im gleichen Wirtschaftsraum erfolgreich nebeneinander existieren können.

Nun verfügt aber gerade Deutschland in dieser Frage über sehr viel Expertise, denn jahrzehntelang grenzten die sozialistische DDR und die marktwirtschaftliche BRD unmittelbar aneinander. Damit die qualifiziertesten Bürger der DDR nicht in den benachbarten Westen abwandern, sah sich die DDR zu einem Mauerbau gezwungen.

Im Patriarchat gab es – bildlich gesprochen – für die Frauen eine ganz ähnliche Mauer, und diese hieß „Rollenvorgabe Mutter und Hausfrau". Die Frauenbewegung hat die Mauer zum Einstürzen gebracht, und seitdem können die Frauen zwischen produktiven und reproduktiven Tätigkeiten frei wählen. Die qualifiziertesten unter ihnen suchen nun ihr Glück in der marktwirtschaftlichen Produktion (Wirtschaft) und vernachlässigen dafür die sozialistische Reproduktion (Nachwuchsarbeit).

7 Was tun?

Bevor ich eine Lösung für die prekäre Nachwuchssituation in modernen, demokratischen Gesellschaften mit Gleichberechtigung der Geschlechter skizziere, möchte ich zunächst noch einige weitere Rahmenbedingungen benennen, die in diesem Kontext gleichfalls zu beachten sind.

- *Die Welt ist überbevölkert.*

  Menschen sollten sich in Zukunft nach Möglichkeit nicht mehr vermehren, sondern sich eher in ihrer vorhandenen Kopfzahl ersetzen.

- *Jeder Mensch hat das Recht, lebenslänglich kinderlos zu bleiben.*

- *Eine bestandserhaltende Reproduktion ist nur mit einem nennenswerten Anteil an Mehrkindfamilien (drei oder mehr Kinder) erreichbar.*

  Denn ein Teil der Bevölkerung wird immer kinderlos bleiben.

- *Alleinerziehung ist in modernen Gesellschaften eine Realität.*

  Jedes zukünftige Familienkonzept muss Alleinerziehung mitberücksichtigen.

- *Bei der Nachwuchsarbeit handelt es sich um eine gesellschaftliche Kollektivaufgabe.*

- *Der Staat muss die Bevölkerungsentwicklung weitestgehend „planen“ können.*

  Aufgrund der weit ausgebauten sozialen Sicherungssysteme, der komplexen Infrastruktur, zur Abwendung unkalkulierbarer Risiken für die nächste Generation, zur Wahrung der Generationengerechtigkeit und aus ökologischen Gründen benötigen Regierungen in Zukunft Verfahren, mit denen sie die Bevölkerungsentwicklung – gegebenenfalls in Abstimmung mit anderen Regierungen – in engen Grenzen halten können.

- *Die Gleichstellung der Geschlechter verlangt die Gleichstellung produktiver und reproduktiver Tätigkeiten.*

Von einer modernen Familienpolitik wird also deutlich mehr verlangt als ein Krippenausbau oder weitere finanzielle Anreize für Kinder. Tatsächlich ist die gesamte gesellschaftliche Reproduktion von Grund auf neu zu konzipieren. Dabei sind auch globale und ökologische Gesichtspunkte zu berücksichtigen.

Möchte man erreichen, dass für qualifizierte Frauen das Aufziehen von vielen eigenen Kindern wieder attraktiv wird, dann muss man ihnen gezielt Alternativen im reproduktiven Bereich anbieten, so wie das jedes Unternehmen in seinem reproduktiven Bereich ebenfalls tut. Dies dürfte dann die Professionalisierbarkeit von Erziehungsarbeit mit eigenen Kindern zur Folge zu haben.

Dazu müsste aber zunächst die Nachwuchsarbeit als gesellschaftliche Kollektivaufgabe verstanden werden, die prinzipiell von allen Bürgern anteilsmäßig in direkter oder indirekter Form zu erbringen ist. Grundlage dafür könnte die folgende Maxime (*modifizierte verantwortete Elternschaft*) sein:

- *Jedem steht es in unserer Gesellschaft frei, Kinder in die Welt setzen. Doch bitte beachten Sie: Die Welt ist bereits überbevölkert und hat ihre maximale Tragekapazität erreicht. Ein unkontrollierter Bevölkerungszuwachs sollte deshalb unbedingt vermieden werden. Beschränken Sie sich nach Möglichkeit auf maximal zwei Kinder pro Paar. Der Staat wird Maßnahmen ergreifen und fördern, die für eine möglichst optimale Vereinbarkeit einer kleineren Familie mit bis zu zwei Kindern mit einem Beruf und für einen relativ fairen Familienlastenausgleich sorgen werden.*
- *Allerdings ist die Gesellschaft auf eine insgesamt bestandserhaltende Reproduktion angewiesen. Deshalb ist es in unserer Gesellschaft zusätzlich Ihre Aufgabe, als Paar zwei Kinder aufzuziehen, als Einzelperson ein Kind. Damit leisten Sie Ihren Beitrag zu einer bestandserhaltenden gesellschaftlichen Reproduktion. Sie müssen das aber nicht selbst tun, sondern Sie können die Aufgabe zum Teil oder in Gänze anderen Fachleuten überlassen. Dafür müssen Sie dann aber regelmäßig einen bestimmten Betrag abführen, damit diese das auch in der entsprechenden Qualität für Sie tun können.*

Im Klartext heißt das: Jeder Bürger müsste für ein Kind Unterhalt zahlen. Allerdings könnte er sich von dieser Verpflichtung durch das Aufziehen eines eigenen Kindes befreien.

Der eingenommene Unterhalt könnte wie folgt verwendet werden: Wenn viele Menschen kinderlos bleiben, kommen insgesamt zu wenig Kinder auf die Welt. Die Differenz zu einer bestandserhaltenden Geburtenrate könnte dann von staatlich beschäftigten „Familienmanagerinnen“ abgedeckt werden, die in aller Regel größere Familien mit drei oder mehr Kindern gründen. Da die Familienarbeit dabei zum Fulltimejob generiert, würden solche Familienfrauen (oder auch -männer) vom Staat bezahlt[21]. Allerdings benötigten sie entsprechende Qualifikationen, da sie einen Beruf mit sehr hoher Verantwortung ausüben. Auch müssten sie sich regelmäßig fortbilden[22].

7.1 Familienmanagerin

7.1.1 Auswahl und Qualifikation

Um es gleich vorweg zu sagen: Hier wird nicht vorgeschlagen, der Staat solle nun das Kinderkriegen reglementieren oder gar prämieren. Nein, es sollte weiterhin jedem Paar (oder auch jeder Einzelperson) selbst überlassen bleiben, ob es (sie) ein, zwei oder mehr Kinder haben möchte. Und dafür sollte es ähnliche Zuwendungen im Rahmen des Familienlastenausgleichs geben wie bereits heute. Daneben sind weitere Unterstützungen in Form von Ganztagsbetreuungen und Rentenversicherungsansprüchen denkbar. Allerdings sollte der Staat seinen Bürgern die modifizierte Norm der *verantworteten Elternschaft* aus dem vorangegangenen Abschnitt vermitteln.

Beim Beruf der Familienmanagerin handelt es sich um einen Vollzeit-Job. Nebentätigkeiten bedürfen der Zustimmung der zuständigen Behörde und sollten nach Möglichkeit mit der Tätigkeit als Familienmanagerin vereinbar sein. Zum Beispiel ist vorstellbar, dass Familienmanagerinnen zusätzliche Tagesmütter-Dienste anbieten (siehe dazu den Abschnitt *Betreuung von fremden Kindern* auf Seite 65) oder auch Erziehungsratgeber beziehungsweise Kinderbücher schreiben.

Da Familienmanagerinnen in der Regel große Familien gründen und eventuell noch Kinder anderer Eltern betreuen, ist für den Beruf eine qualifizierte (gegebenenfalls akademische) Ausbildung erforderlich. Eine solche Ausbildungsanforderung ergab sich auch aus Untersuchungen zur kindlichen Betreuung (Bertram 2006b: 13). Eine regelmäßige Weiterbildung sollte ebenfalls zum Beruf gehören.

---

21 Individuen sind heute nicht mehr auf eigene Kinder angewiesen, Gesellschaften aber sehr wohl. Dies sollte bei der Finanzierung der Nachwuchsarbeit zum Ausdruck kommen.

22 Das Familienmanager-Konzept kann im vorliegenden Buch nur skizziert werden. Die Grundidee ist: Kinderlose zahlen Unterhalt, mit dem dann staatlich beschäftigte Familienmanagerinnen ihre eigenen Kinder aufziehen. Alles andere ist dagegen diskutabel.

Die Qualifikationsvoraussetzungen für Familienmanagerinnen liefern aber noch etwas anderes, und das ist in diesem Zusammenhang ganz entscheidend: Sie machen die Leistungen *tauschbar*, und damit überhaupt erst bewertbar und bezahlbar[23].

Die Auswahl der Familienmanagerinnen könnte wie in ähnlichen Berufen erfolgen:

- Der Staat (beziehungsweise das zuständige Bundesland) stellt den Bedarf fest und schreibt eine entsprechende Zahl an Stellen aus.
- Der Bedarf wird jedes Jahr neu ermittelt und die Zahl der freien Stellen entsprechend angepasst. Auf diese Weise entstünde ein natürliches Mittel der Bevölkerungsplanung.
- Die konkrete Besetzung der Stelle einer Familienmanagerin erfolgt nach diversen Auswahlkriterien, unter anderem Qualifikation und Alter.

  Das Leben in einer ehelichen Gemeinschaft könnte – sofern so etwas gesellschaftlich erwünscht wäre – die Auswahlchancen erhöhen. Allerdings wären unterschiedliche Lebensformen mit dem Beruf vereinbar. Auch das Leben in einer homosexuellen Gemeinschaft sollte kein Ausschlusskriterium sein.

  Die Zugehörigkeit zu einer sozial schwachen Schicht oder gar Armut sollten die Auswahlchancen nicht verschlechtern, da die Familienmanagerin ab einer gewissen Zahl an betreuten Kindern nicht mehr arm ist. Hier bieten sich also qualifizierten Frauen Aufstiegschancen an.

Männer können sich ebenfalls für den Job der Familienmanagerin bewerben (und heißen dann Familienmanager), insbesondere dann, wenn sie Kinder adoptieren oder ihnen nach der Scheidung oder dem Tod einer Familienmanagerin die Kinder zugesprochen werden. Auch kann ein Wechsel auf Antrag der Ehepartner erfolgen, in diesem Fall sollten aber beide Ehepartner über eine entsprechende Ausbildung verfügen. Da aber das Aufziehen von Kindern üblicherweise mit einer Stillphase beginnt, der eine Schwangerschaft vorausgeht, handelt es sich bei dem Beruf der Familienmanagerin um einen Frauenberuf, das heißt, einen Beruf mit einem überragenden Frauenanteil.

---

23 Für Erwerbsarbeiten gelten üblicherweise drei Bedingungen: Bedarf, Tauschbarkeit der Leistung, vertragsmäßige Freiwilligkeit. Normale Hausarbeit erfüllt keine der genannten Bedingungen, weswegen man Hausfrauen auch kein Gehalt (zum Beispiel Erziehungsgehalt) zahlen kann.

Familienmanagerinnen wählen ihre Sexualpartner (und möglichen Väter ihrer Kinder) selbst. Die vorgeschlagene Maßnahme hat deshalb weder etwas mit Sozialdarwinismus noch Eugenik zu tun.

7.1.2 Bezahlung

Die Bezahlung einer Familienmanagerin würde im Wesentlichen von der Zahl der von ihr großgezogenen Kinder abhängen (die auch adoptiert sein können), wobei man eventuell an eine zu definierende Obergrenze an gewerteten Kindern denken könnte. Für jedes Kind – innerhalb der zu definierenden Obergrenze – würde ein Leistungsbetrag gezahlt, zusätzlich bestünde ein Anspruch auf ein 13. Monatsgehalt und auf Kindergeld. Auch würden Rentenversicherungsbeiträge abgeführt. Die Bezahlung würde sinnvollerweise so gewählt, dass eine Familienmanagerin etwa ab dem dritten Kind eventuell sogar alleinerziehend ein ökonomisch sorgenfreies Leben führen könnte.

Der Leistungsbetrag würde pro Kind über einen längeren Zeitraum (zum Beispiel 20 Jahre) gezahlt. Danach besäße die Familienmanagerin eine Übernahmegarantie in andere Berufe, etwa im öffentlichen Dienst (Lehrerin, Erzieherin, Verwaltung etc.) oder bei kooperierenden Unternehmen, die damit werben dürften. Alternativ könnte sie sich entscheiden, adoptierte Kinder großzuziehen. Dafür würde erneut der Leistungsbetrag ausgeschüttet.

Das heute übliche Fehlen eines Einkommens- und Sicherheitsnutzens von Kindern begründet auch die Kommerzialisierbarkeit von Familienarbeit mit eigenen Kindern in einer sonst arbeitsteiligen Welt: Eine Familienmanagerin würde im Rahmen der Erziehungsarbeit einen Konsumnutzen aus ihren Kindern ziehen, ähnlich wie andere Berufstätige eine Befriedigung aus ihrer Arbeit erhalten. Gleichzeitig erzielte sie ein Einkommen aufgrund der geleisteten professionellen Arbeit. Das schließlich nach ca. 20 Jahren der Gesellschaft übergebene „Endprodukt" („der erzogene und gebildete erwachsene Mensch") gehörte aber nicht länger ihr, so dass sie aus der Elternbeziehung keinen direkten Vorteil schlagen kann (Kaufmann 1990: 11). Es gibt also keinen unmittelbaren Grund dafür, warum etwa eine akademisch ausgebildete Erzieherin für das Betreuen fremder Kinder ein Einkommen erzielen kann, für das Aufziehen ihrer eigenen Kinder aber prinzipiell nicht[24].

---

[24] Würde man die männliche Wehrpflicht abschaffen, hätte dies mit aller Wahrscheinlichkeit die Einführung eines Berufheers zur Folge. Überspitzt formuliert könnte man deshalb sagen: Unsere

Ein Einwand könnte lauten: Wenn man einer Familienmanagerin für das Aufziehen ihrer eigenen Kinder ein Gehalt bezahlt, dann müsste man allen Müttern eins geben, denn vor dem Gesetz sind alle Kinder gleich. Dies übersieht, dass eine Familienmanagerin ihr Gehalt für ihre Erziehungsleistungen im Rahmen eines Arbeitsvertrages auf Basis nachgewiesener Qualifikationen erhielte und nicht für ihre Kinder. Für letztere stünde ihr das gleiche Kindergeld wie allen Eltern zu. Unabhängig davon ist der Einwand spätestens seit Einführung des Elterngeldes hinfällig, denn dessen Höhe richtet sich nicht einmal an nachgewiesenen Erziehungskompetenzen aus, sondern am erzielten Gehalt in einer davor ausgeübten Erwerbstätigkeit[25].

7.1.3 Finanzierung

Finanziert werden könnten die Familienmanagerinnen über die bereits erwähnten Unterhaltszahlungen. Kinderlose würden auf diese Weise ihre eigenen gesellschaftlichen Aufziehleistungen an Familienmanagerinnen auslagern. Sie dürfen sich als virtueller Pate eines Kindes fühlen.

Das im Folgenden beschriebene Finanzierungsbeispiel geht in einer ersten Annäherung davon aus, dass Familienmanagerinnen pro aufgezogenes Kind einen Leistungsbetrag von 500,- Euro erhalten (Tichy/Tichy 2003: 206).

Daneben stünde ihnen noch ein Grundgehalt von 500,- Euro zu. Zusätzlich erhielten sie ein 13. Monatsgehalt. Ferner stünde ihnen das gesetzlich verankerte Kindergeld zu. In der Praxis wären aber vermutlich höhere Leistungsbeträge anzusetzen. Bei den genannten Beträgen handelt es sich keineswegs um meine persönliche Empfehlung[26].

Insgesamt sind die im Finanzierungsbeispiel angenommen Zahlen weitestgehend deckungsgleich mit den in der Erziehungsgehalt-2000-Studie (Opielka 1999: 150) genannten Zahlen.

Gesellschaft wäre wohl aktuell eher dazu bereit, Männer dreißig Jahre lang dafür zu bezahlen, übend mit Panzern herumzufahren und durch Schlamm zu robben, in der Hoffnung, dies bliebe immer nur ein Spiel, und sie müssten damit nie Ernst machen, als Frauen für das langjährige gewissenhafte Aufziehen von mehreren eigenen Kindern.

25 Das Elterngeld definiert ein Kind quasi als Schadensfall (Gehaltsausfall), für den dann ein angemessener Schadensersatz geltend gemacht werden kann.

26 Bei dem hier vorgetragenen Familienmanager-Konzept handelt es sich um eine gesellschaftspolitische Maßnahme von ähnlicher Dimension und Tragweite wie die Einführung der allgemeinen Schulpflicht vor etwa dreihundert Jahren. Viele Aspekte des Konzeptes können deshalb im vorliegenden Buch nur grob skizziert werden.

Es wird in der folgenden Rechnung davon ausgegangen, dass jede Familienmanagerin durchschnittlich fünf Kinder aufzieht.

Ferner wird angenommen, dass Familienmanagerinnen zusammen durchschnittlich 500.000 Kinder pro Jahr in die Welt setzen oder adoptieren, und dass die höhere steuerliche Belastung der Kinderlosen das Reproduktionsverhalten der Bevölkerung nicht wesentlich beeinflussen wird, sondern dass weiterhin jährlich ca. 700.000 Kinder in anderen Familien zur Welt kommen. Durch den Beitrag der Familienmanagerinnen würde sich auf diese Weise die Zahl der in Deutschland geborenen Kinder von jährlich 700.000 auf durchschnittlich 1,2 Millionen, beziehungsweise die Fertilitätsrate auf 2,33 erhöhen. Die Rechnung ist bewusst grob gehalten und ignoriert zunächst einmal die in den nächsten Jahrzehnten weiter absinkende Zahl an gebärfähigen Frauen.

Bei sechs Kindern hätte eine Familienmanagerin einen Anspruch auf ein Bruttogehalt von 3.500,- Euro (13-mal). Hiervon wären Rentenversicherungsbeiträge, aber keine Beiträge zur Arbeitslosenversicherung abzuführen. Zuzüglich würde ein Kindergeld von aktuell 999,- Euro ausgezahlt. Das Kindergeld kann aber in diesem Zusammenhang nicht exklusiv der Maßnahme Familienmanagerin zugerechnet werden, da die zusätzlichen Gelder ja auch bei einem auf andere Weise erzielten Anstieg der Fertilitätsrate aufzubringen wären.

Bei sieben Kindern erhielte die Familienmanagerin ein Bruttogehalt von 4.000,- Euro (13-mal) zuzüglich einer Kindergeldzahlung in Höhe von 1.178,- Euro.

In der Beispielrechnung stünde jeder Familienmanagerin ihre Gehaltsleistung aufgrund ihrer Tätigkeit als Familienmanagerin für einen Zeitraum von 20 Jahren zu. Hierbei handelt es sich um eine Zeitspanne, die Spielraum für alternative Modellrechnungen lässt.

Nach dieser Zeit würde schrittweise eine Rückführung in andere Tätigkeiten des öffentlichen Dienstes (zum Beispiel Familienmanager-Springerin, Lehrerin, Sozialarbeiterin, Kindergärtnerin, Management, Verwaltungsangestellte usw.) oder in Tätigkeiten bei entsprechend kooperierenden Unternehmen erfolgen. Alternativ könnten erneut Kinder adoptiert oder fremde Kinder betreut werden.

Bei einer angenommenen Anzahl von durchschnittlich fünf Kindern pro Familienmanagerin wären nach 20 Jahren jährlich durchschnittlich 100.000 Familienmanagerinnen in andere Beschäftigungen zu überführen. Auf diese

Weise entstünde nach 20 Jahren ein kontinuierlicher Finanzierungsbedarf von 78 Milliarden Euro, der ausschließlich den Familienmanagerinnen zugerechnet werden kann. Allerdings wären denkbare Einsparungen bei Elterngeld, Wohngeld, Arbeitslosengeld und Sozialhilfe dagegen aufzurechnen (Meinhardt 1999: 283).

Eine Halbierung der Kosten könnte erzielt werden, wenn die Familienmanagerinnen nicht jährlich 500.000 sondern lediglich 250.000 Kinder aufziehen würden. In diesem Fall erhöhte sich die Fertilitätsrate lediglich auf 1,84.

In der Hochlaufphase der Maßnahme würden erheblich mehr Gelder eingenommen als ausgegeben (siehe Tabelle). Mit diesen Summen könnte ein entsprechender Kapitalstock gebildet werden, dessen Zinsen zu einem späteren Zeitpunkt zur Finanzierung der Maßnahme beitragen könnten (Lüth/Raffelhüschen 1999: 290f.).

Der errechnete Finanzierungsbedarf ist zwar nicht unerheblich, er bewegt sich aber im Vergleich zu anderen Alternativen durchaus noch im Rahmen. Beispielsweise kostet eine Erhöhung des Kindergelds um monatlich 50 Euro nach derzeitigen Bedingungen jährlich zehn Milliarden Euro (Tichy/Tichy 2003: 213). Insgesamt lässt sich der Staat die Familienförderung jährlich 111 Milliarden Euro kosten (DIE WELT 2006)[27]. Der kostenlose Schulbesuch ist dabei noch nicht berücksichtigt. Gegenüber den Kosten der Rentenversicherung handelt es sich hierbei aber immer noch um eher bescheidene Summen.

Ein Teil der Finanzierung könnte über die Streichung des Ehegattensplittings von kinderlosen Ehepaaren erfolgen (Lüth/Raffelhüschen 1999: 289).

Im Vergleich zu anderen Alternativen mit ähnlichen Kosten hat das Familienmanager-Konzept gleich mehrere entscheidende Vorteile:

- Die Kosten stehen in direkter Relation zur Anhebung der Geburtenrate.
- Das Ergebnis ist vorhersagbar (planbar)
- Die aufgezogenen Kinder erhalten eine optimale Erziehung.

Im Laufe von 20 Jahren könnten von zwei Millionen Familienmanagerinnen bis zu zehn Millionen zusätzliche Kinder aufgezogen und ausgebildet werden, und um diese Zahl würde sich der bis zum Jahr 2030 prognostizierte Bevölkerungsschwund für die Bundesrepublik Deutschland reduzieren. Gleichzeitig würden dabei zwei Millionen Arbeitskräfte dem produktiven

---

[27] Andere Quellen sprechen sogar von 184 Milliarden Euro (RP Online 2006).

Arbeitsmarkt entzogen und dem reproduktiven Bereich zugeführt (dort entstünden also zwei Millionen Arbeitsplätze). Rechnet man noch den zusätzlichen Bedarf für Schulunterricht, medizinische Versorgung und kindlichen Konsum hinzu, dann kann insgesamt von mindestens drei bis vier Millionen zusätzlichen Arbeitsplätzen ausgegangen werden (Adrian 2005; Winkler 2004).

Kostenrechnung Familienmanagerin			
Jahr	Kinder in Mio.	Familienmanager in Mio.	Kosten in Mrd. EUR
1	0,5	0,1	3,9
2	1,0	0,2	7,8
3	1,5	0,3	11,7
…	…	…	…
19	9,5	1,9	74,1
20	10	2,0	78,0

Abbildung 2: Finanzierungsbeispiel Familienmanagerin

7.1.4 Einkommens- und Sicherheitsnutzen

Für die Teilgruppe der Familienmanagerinnen wären alle in unserer Gesellschaft bestehenden ökonomischen Faktoren zur Begrenzung der Familiengröße außer Kraft gesetzt.

Denn eine Familienmanagerin würde sich für eine Ausbildung und dann entsprechend für diesen Beruf entscheiden, ähnlich wie das ein Arzt in seinem Falle tut. Ihre biographischen Opportunitätskosten (siehe Unterabschnitt *Biographische Fertilitätstheorie* auf Seite 10) wären also mit anderen Berufen vergleichbar.

Hätte eine Familienmanagerin noch keinen Partner gefunden, könnte sie ihre berufliche Karriere mit der Fremdbetreuung von Kindern oder als Springerin für andere Familienmanagerinnen beginnen. Daneben könnte man in der Praxis jungen Müttern Umstiegsmöglichkeiten aus anderen beruflichen

Tätigkeiten zum Beruf der Familienmanagerin anbieten. Auch hierdurch ließen sich die biographischen Opportunitätskosten weiter senken.

Die biographischen Opportunitätskosten einer Familienmanagerin für ein zusätzliches Kind dürften in aller Regel praktisch gleich Null sein. Gleichfalls dürften die meisten anderen Opportunitätskosten sehr niedrig anzusetzen sein.

Da eine Familienmanagerin pro aufgezogenes Kind vergütet würde, und diese Vergütung üblicherweise höher als die direkten Kosten für die Kindererziehung wäre, erzielte sie pro Kind zusätzliche Einnahmen. Ein Kind lieferte dann nicht nur einen Konsumnutzen, sondern tatsächlich auch einen Einkommensnutzen. Mit jedem zusätzlichen Kind besserten sich die wirtschaftliche Situation und vermutlich auch das gesellschaftliche Ansehen einer Familienmanagerin.

Ferner erhöhten sich mit jedem Kind das Einkommen einer Familienmanagerin und auch ihr Rentenanspruch.

Es kann deshalb insgesamt eine Tendenz von Familienmanagerinnen zu großen Familienstärken prognostiziert werden.

7.1.5 Scheidung

Im Rahmen des Familienmanager-Konzeptes könnten sich die folgenden Änderungen hin zu einem deutlich sozialverträglicheren Scheidungsrecht ergeben:

- Bei einer Ehescheidung mit Beteiligung einer Familienmanagerin verblieben die Kinder in aller Regel bei ihr. Eine Unterhaltszahlung für sie und die Kinder entfiele dagegen: Sie ist beruflich als Familienmanagerin tätig und verfügt über ein ausreichendes Einkommen, die Familie zu ernähren. Der Vater hätte – wie vorher auch schon – Unterhalt für ein Kind abzuführen (der Ehemann einer Familienmanagerin wäre steuertechnisch wie ein Kinderloser zu behandeln).
- Bei einer Ehescheidung ohne Beteiligung einer Familienmanagerin und bis zu zwei gemeinsamen Kindern würde aus der Summe der Einnahmen beider Elternteile der zu entrichtende Unterhalt (für zwei Kinder) ermittelt. Dieser würde dann anteilsmäßig den Elternteilen zufließen, so wie sie für das Aufziehen der Kinder aufkommen. Wohnten die Kinder zum Beispiel ausschließlich bei der Mutter, dann erhielte sie den Unterhalt. Jeder Ehepartner hätte im Rahmen der gesellschaftlichen Normverände-

rung hin zur generellen weiblichen Berufstätigkeit für sich selbst zu sorgen, oder alternativ die Leistungen des Wohlfahrtsstaates in Anspruch zu nehmen.

- Bei einer Ehescheidung ohne Beteiligung einer Familienmanagerin und mehr als zwei gemeinsamen Kindern wären Sondervereinbarungen zu treffen, die sich am zurzeit geltenden Recht orientieren könnten. Auch dieser Fall zeigt, dass die Gründung einer „unprofessionellen" Mehrkindfamilie unter der Rahmenbedingung der Gleichberechtigung der Geschlechter mit erheblichen Risiken verbunden ist.

7.1.6 Betreuung von fremden Kindern

Familienmanagerinnen wären in der Lage, besonders leistungsfähige Dienstleistungen für berufstätige und nichtberufstätige Eltern anzubieten. Dazu gehören:

- Elternberatungen
- Schulungsmaßnahmen für andere Eltern
- Ganztags-Kinderkrippen
- Ganztags-Kindergärten
- Ganztägige Aufenthalte von Kindern (24-Stunden-Service) bei Erkrankung oder beruflicher Abwesenheit der regulären Eltern
- Tagesmütter-Dienste (mit Aufnahme der Kinder in ihre Familie)
- Super-Nanny-Dienste

Auf diese Weise könnten Familienmanagerinnen bereits einen nennenswerten Anteil ihres potenziellen Einkommens realisieren, während sie selbst noch keine oder nur wenige Kinder haben.

Gleichzeitig würden sie damit einen entscheidenden Beitrag zur Verbesserung der Vereinbarkeit von Familie und Beruf für die übrigen Familien leisten. In der Tat könnten sie Dienstleistungen anbieten (zum Teil in Kooperation), die weit über das hinausgehen, was zurzeit marktüblich beziehungsweise marktmöglich ist. Auch wären in diesem Rahmen ganz neue Konzepte für den älteren Teil der Bevölkerung denkbar.

7.2 Zusammenfassung

Im vorliegenden Buch konnten unter anderem die folgenden Ergebnisse erzielt werden:

- Primäre Ursache des demographischen Wandels ist die weibliche Emanzipation (Individualisierung auf Seiten der Frauen), wodurch Kinder für Frauen nun umso höhere Opportunitätskosten haben, je qualifizierter sie selbst sind.
- Individualisierungsprozesse bedürfen üblicherweise einer begleitenden Institutionalisierung, die vor allem der verlässlichen Gewährleistung von Gemeinschaftsaufgaben dient. Entsprechende Maßnahmen sind bei der weiblichen Emanzipation bislang unterblieben.
- Durch die in unserer Gesellschaft angestrebte Angleichung der Geschlechter mit im Regelfall beiderseitig ähnlichen Lebensentwürfen und einer paritätischen Aufteilung von Familienarbeit würden entscheidende Vorteile der sexuellen Fortpflanzung verloren gehen. Die Folgen wären: Verletzung der Generationengerechtigkeit, gesellschaftsweiter Intelligenzverlust, zunehmende Verarmung. Empirische Daten lassen vermuten, dass die prognostizierte Entwicklung längst Fahrt aufgenommen hat.
- Zwischen der Gesamtheit aller Männer und Frauen müssen erkennbare gesellschaftliche Rollenunterschiede bestehen bleiben.
- Die These von der grundsätzlichen Vereinbarkeit von Familie und Beruf steht im Widerspruch sowohl zur Evolutionstheorie als auch zur Individualisierungsthese.
- Für kinderreiche Familien existiert unter der Bedingung der Gleichberechtigung der Geschlechter zurzeit kein adäquates Familienmodell.
- Moderne Gesellschaften weisen im Verhältnis von Produktion und Reproduktion fundamentale Organisationsmängel auf.
- Kinderlose sind anteilsmäßig an den Aufwänden zur gesellschaftlichen Reproduktion zu beteiligen, andernfalls kommt es dort zur Tragik der Allmende.
- Unter der Bedingung der Gleichberechtigung der Geschlechter ist die gesellschaftliche Nachwuchsarbeit von Grund auf neu zu konzipieren. Mit dem Familienmanager-Konzept wurde ein entsprechender Vorschlag unterbreitet.

7.3 Fragen und Antworten

7.3.1 Warum bekommt nicht jede Mutter ein Erziehungsgehalt?

Formal betrachtet kann es „Gehälter" nur für berufliche Tätigkeiten geben, und dafür müssen in unserer Gesellschaft üblicherweise die folgenden Bedingungen erfüllt sein:

- Jemand anderes hat einen *Bedarf* für die Tätigkeit (zum Beispiel der Staat).
- Die Leistung ist *„tauschbar"* (sie ist beschreibbar; es werden dafür bestimmte Qualifikationen benötigt; etc.).
- Es besteht eine *vertragliche Regelung* (zum Beispiel ein Arbeitsvertrag).

Die normale Hausfrauentätigkeit erfüllt keine der drei genannten Bedingungen, folglich kann es für sie auch kein Gehalt geben.

Kritisch ist bereits der erste Punkt. Würde der Staat Müttern für das Aufziehen jedes Kindes (egal ob es das erste oder zehnte ist) ein „bedingungsloses" Erziehungsgehalt zahlen, dann könnten Frauen einen entsprechenden Anspruch aus sich selbst heraus generieren. Sie müssten lediglich Sex mit irgendeinem Mann haben, schwanger werden, und schon stünde ihnen ein Erziehungsgehalt zu[28]. Handelte es sich beim Erziehungsgehalt um ein „nennenswertes Einkommen", dann dürfte es gerade für Frauen aus sozial schwachen und bildungsfernen Schichten attraktiv sein. Diese würden dann ganz häufig viele Kinder haben, die allesamt von den übrigen Berufstätigen zu finanzieren wären (Borchert 2002: 78):

> *Das Familiengeld wird nicht weniger, sondern mehr Menschen in der Sozialhilfe zurücklassen, weil es besonders für unqualifizierte und sehr junge Frauen eine geradezu magische Anziehungskraft haben wird. Früher oder später werden sie, mit den vermutlich mehreren Kindern, ohne Ausbildung umso weiter im Abseits stehen. Selbst wenn das Ergebnis ein steiler Anstieg der Geburtenrate sein sollte, wird das Humanvermögen mehr beschädigt als vermehrt.*

Ferner dürfte ein bedingungsloses Erziehungsgehalt gerade in wirtschaftlich schlechten Zeiten (zum Beispiel während Wirtschaftskrisen) zu vermehrten Geburten führen. Auf diese Weise könnte es zu einer Zunahme gesellschaft-

---

[28] Ganz ähnlich könnte ich dann ein Gehalt für das unaufgeforderte Verfassen von vielen Sachbüchern einfordern.

licher Armut kommen[29]. Denkbare langfristige Folgen wären: Unruhen, Terror und Krieg.

Familienmanagerinnen würden ihr Gehalt dagegen auf Basis einer vertraglichen Regelung erhalten. Sollten über einen längeren Zeitraum zu viele Kinder geboren werden, könnte der Staat die Einstellung weiterer Familienmanagerinnen so lange zurückstellen, bis die Geburtenrate wieder unter ein entsprechendes Niveau gesunken wäre. Bei vertraglichen Regelungen sind solche Feinsteuerungen möglich, bei einem allen Müttern zustehenden bedingungslosen Erziehungsgehalt dagegen nicht.

7.3.2 Sollen nur Familienmanagerinnen Kinder bekommen?

Nein. Gemäß Familienmanager-Konzept handelt es sich bei der gesellschaftlichen Nachwuchsarbeit um eine Kollektivaufgabe. Es wurde deshalb vorgeschlagen, dass jeder leistungsfähige Bürger für einen Nachfolger seiner Person zu „sorgen" hat, und zwar entweder durch Aufziehen eines eigenen (leiblichen oder adoptierten) Kindes oder alternativ durch Zahlung von Unterhalt.

Das Familienmanager-Konzept geht davon aus, dass sich Frauen gemäß Präferenz-Modell (siehe Abschnitt *Zusätzliche fertilitätsrelevante Aspekte* auf Seite 9) entweder für einen Beruf, sowohl für einen Beruf als auch eine kleinere Familie oder für den Beruf der Familienmanagerin – und damit dann üblicherweise für eine größere eigene Familie – entscheiden werden. Es empfiehlt allen Paaren ohne Familienmanagerin ausdrücklich, sich auf kleinere Familiengrößen (etwa maximal zwei Kinder) zu beschränken, und zwar insbesondere aus

- *ökologischen* (die Welt ist bereits überbevölkert),
- *erzieherischen* (Berufstätige haben weniger Zeit für Familienarbeiten) und
- *ökonomischen* (mit der Zahl der Kinder steigen die Kosten, während die Einnahmen der Familie sinken)

Gründen.

Paare ohne Familienmanagerin hätten bei zwei Kindern – anders als etwa Kinderlose – keine Unterhaltszahlungen mehr zu entrichten. Daneben

---

[29] Wie in meinem Buch „Hurra, wir werden Unterschicht!" (Mersch 2007a) gezeigt wurde, kommt es bereits unter der aktuellen Familienpolitik zu ganz ähnlichen Effekten.

stünden ihnen alle heutigen familienpolitischen Leistungen (inklusive Elterngeld) zu. Sie wären kinderlosen Paaren gegenüber nicht länger ökonomisch im Nachteil.

Familienmanagerinnen würden dagegen in der Regel größere Familien gründen. Daneben könnten sie auf Wunsch noch zusätzlich fremde Kinder betreuen. Sie könnten also vermutlich den größten Teil der von berufstätigen Eltern benötigten und geforderten Vereinbarkeitsdienstleistungen anbieten. An ihre Erziehungskompetenzen werden dann aber generell sehr hohe Anforderungen gestellt. Dies dürfte allerdings auch im Sinne der Kinderlosen sein. Denn wenn Kinderlose schon Unterhalt für ein Kind zu entrichten haben, dann dürften sie ein erhebliches Interesse daran besitzen, dass ihr Geld gut angelegt ist und primär Eltern mit ausgewiesenen Erziehungskompetenzen zukommt.

Hinter dem Familienmanager-Konzept verbirgt sich letztlich eine recht einfache Philosophie: Wer sowohl einem Beruf nachgehen als auch Kinder haben möchte, sollte sich in Zukunft – auch im Interesse seiner Kinder – in der Regel auf eher kleinere Familiengrößen beschränken. Eine bestandserhaltende gesellschaftliche Reproduktion ist aber nur mit einem nennenswerten Anteil an Mehrkindfamilien mit drei oder mehr Kindern möglich.

Das Familienmanager-Konzept schafft nun die Voraussetzungen dafür, dass solche Familien auch unter der Rahmenbedingung der Gleichberechtigung der Geschlechter in Würde entstehen und geführt werden können.

Größere Familien benötigen einerseits absolut stabile ökonomische Verhältnisse. Insbesondere sind sie vor Armut zu schützen. Auf der anderen Seite werden aber gerade dort die höchsten Anforderungen an die vorhandenen Erziehungskompetenzen gestellt. Das Familienmanager-Konzept versucht beiden Punkten gerecht zu werden.

8 Literatur

[1] Aanderud, Catharina: "Schatz, wie war dein Tag auf dem Sofa?" Hausfrau – die unterschätzte Familien-Managerin, 2006

[2] Adrian, Hermann: Die demografische, wirtschaftliche und soziale Lage Deutschlands – Problemanalyse und Lösungswege, März 2005, http://www.uni-mainz.de/FB/Physik/AG_Adrian/adrian/cd/2-Lage.pdf

[3] Aiello LC, Wheeler P: The expensive-tissue hypothesis: the brain and the digestive system in human and primate evolution, Curr Anthropol 1995 36:199-221

[4] Albrow, Martin: Abschied vom Nationalstaat, 1998

[5] Alcock, John: The Triumph of Sociobiology, 2003

[6] Altvater, Elmar: Das Ende des Kapitalismus wie wir ihn kennen – Eine radikale Kapitalismuskritik, 3. Auflage, 2006

[7] Arbeitsgemeinschaft der Familienverbände (AGF): Offener Brief der AGF zum "Erziehungsgehalt", http://www.paritaet.org/vamv/agf.html

[8] Ardrey, Robert: Der Gesellschaftsvertrag – Das Naturgesetz von der Ungleichheit der Menschen, 1970

[9] Atwood, Margaret: Der Report der Magd, 1992

[10] Austen, Jane: Verstand und Gefühl (Sinn und Sinnlichkeit), 2000

[11] Auth, Diana und Holland-Cunz, Barbara (Hrsg.): Grenzen der Bevölkerungspolitik – Strategien und Diskurse demographischer Steuerung, 2007

[12] Axelrod, Robert: Die Evolution der Kooperation, 6. Auflage, 2005

[13] Bachmann, Dieter: Wer hat Angst vor Alice S.? Begegnung mit dem "Schreckgespenst" Alice Schwarzer, Weltwoche, 8.10.1975, http://www.aliceschwarzer.de/632092572792423.html

[14] Badinter, Elisabeth: Die Mutterliebe – Geschichte eines Gefühls vom 17. Jahrhundert bis heute, 4. Auflage, 1991

[15] Baier, Stephan: Kinderlos – Europa in der demographischen Falle, 2004

[16] Baltes, Paul B.: Altern hat Zukunft – Unsere Gesellschaft kommt in die Jahre, frönt aber dem Jugendkult. Und verpasst eine Chance, DIE ZEIT, 43, Nr. 14, 27. März 2002, Seite 13

[17] Baraldi C, Corsi G und Esposito E: GLU – Glossar zu Niklas Luhmanns Theorie sozialer Systeme, 1997

[18] Barbaresi WJ et. al.: Archives of Pediatrics and Adolescent Medicine, How Common is Attention-Deficit/Hyperactivity Disorder? Incidence in a Population-Based Birth Cohort in Rochester, Minn. Arch Pediatr Adolesc Med 2002 Mar;156(3):217-24

[19] Bauer, Joachim: Das Gedächtnis des Körpers – Wie Beziehungen und Lebensstile unsere Gene steuern, 2004

[20] Bauer, Joachim: Prinzip Menschlichkeit – Warum wir von Natur aus kooperieren, 2006

[21] Beck, Ulrich: Risikogesellschaft – Auf dem Weg in eine andere Moderne, 18. Auflage, 2006

[22] Beck, Ulrich: Schöne neue Arbeitswelt, 2. Auflage, 1999

[23] Beck, Ulrich: Was zur Wahl steht, 2. Auflage, 2005

[24] Beck, Ulrich: Weltrisikogesellschaft, 2007

[25] Becker, A. et al. (Hrsg.): Gene, Meme und Gehirne – Geist und Gesellschaft als Natur, 8. Auflage, 2006

[26] Becker, Gary S.: Die Bedeutung der Humanvermögensbildung in der Familie für die Zukunft von Wirtschaft und Gesellschaft; In: Leipert, Christian (Hrsg.): Demographie und Wohlstand – Neuer Stellenwert für Familie in Wirtschaft und Gesellschaft, 2003

[27] Becker, Gary S.: Ökonomische Erklärung menschlichen Verhaltens, 2. Auflage, 1993

[28] Beck-Gernsheim, Elisabeth: Die Kinderfrage – Frauen zwischen Kinderwunsch und Unabhängigkeit, 3. Auflage, 1997

[29] Beck-Gernsheim, Elisabeth: Was kommt nach der Familie? Einblicke in neue Lebensformen, 2. Auflage 2000

[30] Berger, Peter A. und Kahlert, Heike (Hrsg.): Der demographische Wandel – Chancen für die Neuordnung der Geschlechterverhältnisse, 2006

[31] Berger, Peter L. und Luckmann, Thomas: Die gesellschaftliche Konstruktion der Wirklichkeit – Eine Theorie der Wissenssoziologie, 20. Auflage, 2007

[32] Berghaus, Margot: Luhmann leicht gemacht, 2. Auflage, 2004

[33] Berlin-Institut für Bevölkerung und Entwicklung: Deutschland weltweit Schlusslicht bei Geburtenrate, http://www.berlin-institut.org/newsletter/Newsletter_20_20._Maerz_2006.html

[34] Bertelmann, Brigitte und Posern, Thomas: Familien: Zeit – Wo bleibt Zeit für die Familie?, 2007

[35] Bertelsmann Stiftung (Hrsg.): Demographie konkret – Handlungsansätze für die kommunale Praxis, 2005

[36] Bertelsmann Stiftung (Hrsg.): Demographie konkret – Seniorenpolitik in den Kommunen, 2006

[37] Bertelsmann Stiftung (Hrsg.): Wegweiser Demographischer Wandel 2020 – Analysen und Handlungskonzepte für Städte und Gemeinden, 2006

[38] Bertram, Hans 2006a: Nachhaltige Familienpolitik im europäischen Vergleich; In: Berger, Peter A. und Kahlert, Heike (Hrsg.): Der demographische Wandel – Chancen für die Neuordnung der Geschlechterverhältnisse, 2006

[39] Bertram, Hans 2006b: Nachhaltige Familienpolitik und die Zukunft der Kinder; In: Bertram H, Krüger H, Spieß CK (Hrsg.): Wem gehört die Familie der Zukunft? Expertisen zum 7. Familienbericht der Bundesregierung, 2006

[40] Bertram H, Krüger H, Spieß CK (Hrsg.): Wem gehört die Familie der Zukunft? Expertisen zum 7. Familienbericht der Bundesregierung, 2006

[41] Bertram H, Rösler W, Ehlert N: Nachhaltige Familienpolitik – Zukunftssicherung durch einen Dreiklang von Zeitpolitik, finanzieller Transferpolitik und Infrastruktur-

politik, Gutachten für das Bundesministerium für Familie, Senioren, Frauen und Jugend, 2005

[42] Betzig, Laura: Despotism and Differential Reproduction – A Darwinian View of History, 1986

[43] BGR: Energiestudie 2005: Überblick Erdöl, 2005, http://www.bgr.bund.de/cln_029/nn_461658/DE/Themen/Energie/Erdoel/energiestudie__erdoel.html

[44] BiB: The Demographic Future of Europe – Facts, Figures, Policies: Ergebnisse der Population Policy Acceptance Study (PPAS), http://www.bib-demographie.de/dialog_ppas_d.pdf

[45] Biddulph, Steve: Wer erzieht Ihr Kind? Kinderbetreuung – eine wichtige Entscheidung, 2005

[46] Biedenkopf, Kurt H.: Arbeit ist mehr als Erwerbsarbeit; In: Leipert, Christian (Hrsg.): Aufwertung der Erziehungsarbeit – Europäische Perspektiven einer Strukturreform der Familien- und Gesellschaftspolitik, 1999

[47] Biedenkopf, Kurt H.: Die Ausbeutung der Enkel – Plädoyer für die Rückkehr zur Vernunft, 2006

[48] BILD.de: 68er-Ikone Uschi Obermaier wird 60 – Ich kenne das Geheimnis der Liebe, 23.09.2006, http://www.bild.t-online.de/BTO/leute/aktuell/2006/09/23/uschi-obermaier-serie-teil3/uschi-obermaier-serie-teil3.html

[49] Birg, Herwig (Hrsg.) 2005a: Auswirkungen der demographischen Alterung und der Bevölkerungsschrumpfung auf Wirtschaft, Staat und Gesellschaft, 2005

[50] Birg, Herwig 2001: Auswirkungen und Kosten der Zuwanderung nach Deutschland, 2001, http://www.herwig-birg.de/downloads/dokumente/Gutachten-Muenchen.pdf

[51] Birg, Herwig 2005b: Die ausgefallene Generation – Was die Demographie über unsere Zukunft sagt, 2005

[52] Birg, Herwig 2005c: Die demographische Zeitenwende – Der Bevölkerungsrückgang in Deutschland und Europa, 4. Auflage, 2005

[53] Birg, Herwig 2004: Die Weltbevölkerung – Dynamik und Gefahren, 2. Auflage, 2004

[54] Birg, Herwig 2003: Strategische Optionen der Familien- und Migrationspolitik in Deutschland und Europa; In: Leipert, Christian (Hrsg.): Demographie und Wohlstand – Neuer Stellenwert für Familie in Wirtschaft und Gesellschaft, 2003

[55] Birg H., Flöthmann EJ, Reiter I: Biographische Theorie der demographischen Reproduktion, 1991

[56] Blackmore, Susan: Evolution und Meme – Das menschliche Gehirn als selektiver Imitationsapparat; In: Becker, A. et al. (Hrsg.): Gene, Meme und Gehirne – Geist und Gesellschaft als Natur, 8. Auflage, 2006

[57] BMFSFJ, 2007a: Familie und Arbeitswelt, 23.01.2007, http://www.bmfsfj.de/Politikbereiche/Familie/familie-und-arbeitswelt.html

[58] BMFSFJ, 2007b: Was ist Gender Mainstreaming?, 2007, http://www.gender-mainstreaming.net/gm/Wissensnetz/was-ist-gm,did=13986.html

[59] Boelling, Anemon Constanze: Generationengerechtigkeit im Grundgesetz? Eine Untersuchung des Grundgesetzes auf Gewährleistungen von intergenerationeller Ge-

rechtigkeit; In: Stiftung für die Rechte zukünftiger Generationen (Hrsg.): Handbuch Generationengerechtigkeit, 2003

[60] Bollmann, Ralph: Lob des Imperiums – Der Untergang Roms und die Zukunft des Westens, 2006

[61] Bolz, Norbert: Die Helden der Familie, 2006

[62] Borchert, Jürgen, 2002: Der "Wiesbadener Entwurf" einer familienpolitischen Strukturreform des Sozialstaats, http://www.familienatlas.de/global/show_document.asp?id=aaaaaaaaaaaawpu

[63] Borchert, Jürgen, 2005: Wie Juristen Flüsse bergauf fließen lassen – Zur Semantik in der Sozial- und Familienpolitik und ihre Folgen für das Recht; In: Birg, Herwig (Hrsg.): Auswirkungen der demographischen Alterung und der Bevölkerungsschrumpfung auf Wirtschaft, Staat und Gesellschaft, 2005

[64] Borkenau, Peter: Anlage und Umwelt – Eine Einführung in die Verhaltensgenetik, 1993

[65] Börsch-Supan A, Heiss F, Winter J: Akzeptanzprobleme bei Rentenreformen – Wie die Bevölkerung überzeugt werden kann, 2004

[66] Bosbach, Gerd: Demografische Entwicklung – kein Anlass zur Dramatik, 2004, http://www.memo.uni-bremen.de/docs/m0404.pdf

[67] Bouchard TJ, McGue M: Familial studies of intelligence – A review, Science, 1981, 212, Seiten 1055-1059

[68] Bouchard TJ, McGue M: Genetic and environmental influences on adult personality – An analysis of adopted twins reared apart, Journal of Personality, 1990, 58, Seiten 263- 292

[69] Bourdieu, Pierre: Gegenfeuer, 2004

[70] Bouthoul, Gaston: Kindermord aus Staatsräson – Der Krieg als bevölkerungspolitischer Ausgleich, 1982

[71] Brandt, Michael: Wie alt ist die Menschheit? Demographie und Steinwerkzeuge mit überraschenden Befunden, 2006

[72] Brockhaus: In 18 Bänden, 2002

[73] Brost, Hauke und Kroetz-Relin, Marie Theres: Wie Frauen ticken – Über 100 Fakten, die aus jedem Mann einen Frauenversteher machen, 2006

[74] Bruneau, Christine: Für einen neuen Feminismus; In: Leipert, Christian (Hrsg.): Demographie und Wohlstand – Neuer Stellenwert für Familie in Wirtschaft und Gesellschaft, 2003

[75] Buchanan, Patrick J.: The Death of the West – How Dying Populations and Immigrant Invasions Imperil Our Country and Civilization, 2002

[76] Bucher, Hansjörg und Mai, Ralf: Bevölkerungsschrumpfung in den Regionen Europas, Zeitschrift für Bevölkerungswissenschaft, Jg. 31, 3-4/2006, Seiten 311-344

[77] Büchner, Bernhard und Kaminski, Claudia (Hrsg.): Lebensschutz oder kollektiver Selbstbetrug? 10 Jahre Neuregelung des § 218, 2006

[78] Bude, Heinz und Willisch, Andreas (Hrsg.): Das Problem der Exklusion – Ausgegrenzte, Entbehrliche, Überflüssige, 2006

[79] Bundesministerium für Bildung und Forschung: Ganztagsschulen – Zeit für mehr, http://www.ganztagsschulen.org/

[80] Bundesverband Deutscher Banken: Wie kommt der Staat aus der Schuldenfalle, 2006

[81] Bundeszentrale für politische Bildung: Erwerbsbeteiligung von Frauen und Männern ab 50 Jahren, http://www.bpb.de/wissen/ID1JU4,0,Erwerbsbeteiligung_von_Frauen_und_M%E4nnern_ab_50_Jahren.html

[82] Bundeszentrale für politische Bildung: Integration und Arbeitsmarkt, http://www.bpb.de/themen/544H4S,2,0,Integration_und_Arbeitsmarkt.html

[83] Burkhart, Günter: Die Entscheidung zur Elternschaft, 2000

[84] Burkhart, Günter 2006a: Kultur des Zweifels, ZEIT online, 08. Juni 2006, http://www.zeit.de/online/2006/25/demografie-burkart

[85] Burkhart, Günter 2006b: Zaudernde Männer, zweifelnde Frauen, zögernde Paare – Wer ist Schuld an der Kinderlosigkeit?; In: Berger, Peter A. und Kahlert, Heike (Hrsg.): Der demographische Wandel – Chancen für die Neuordnung der Geschlechterverhältnisse, 2006

[86] Buss, David M.: Evolutionäre Psychologie, 2. Auflage, 2004

[87] Butterwegge, Christoph: Demographie als Ideologie? Zur Diskussion über Bevölkerungs- und Sozialpolitik in Deutschland; In: Berger, Peter A. und Kahlert, Heike (Hrsg.): Der demographische Wandel – Chancen für die Neuordnung der Geschlechterverhältnisse, 2006

[88] Butterwegge, Christoph und Klundt, Michael (Hrsg.): Kinderarmut und Generationengerechtigkeit – Familien- und Sozialpolitik im demografischen Wandel, 2. Auflage, 2003

[89] Carl, Christine: Leben ohne Kinder – Wenn Frauen keine Mütter sein wollen, 2002

[90] Carroll, Lewis: Alices Abenteuer – Alice im Wunderland / Alice hinter den Spiegeln, 3. Auflage, 1998

[91] CESifo: Auswirkungen familienpolitischer Instrumente auf Fertilität: Internationaler Vergleich für ausgewählte Länder, http://www.cesifo-group.de/link/_proj/proj-sam-fam-pol-instru.htm

[92] Changeux, Jean-Pierre: Der neuronale Mensch – Wie die Seele funktioniert; die Entdeckungen der neuen Gehirnforschung, 1984

[93] Chassé, Karl August: Unterschicht, prekäre Lebenslagen, Exklusion – Versuch einer Dechiffrierung der Unterschichtendebatte; In: Kessl F, Reutlinger C, Ziegler H (Hrsg.): Erziehung zur Armut? Soziale Arbeit und die ‚neue Unterschicht', 2007

[94] Chomsky, Noam: Sprache und Geist, 1999

[95] CIA: The World Factbook, 2007, https://www.cia.gov/cia/publications/factbook/

[96] Clar G, Doré J, Mohr H (Hrsg.): Humankapital und Wissen – Grundlagen einer nachhaltigen Entwicklung, 1997

[97] Connolly V, Unwin N, Sherriff P, Bilous R, Kelly W.: Diabetes prevalence and socioeconomic status: a population based study showing increased prevalence of type 2 diabetes mellitus in deprived areas, J Epidemiol Community Health. 2000 Mar;54(3):173-7

[98] Cornelißen, Waltraud (Hrsg.): Gender-Datenreport – 1. Datenreport zur Gleichstellung von Frauen und Männern in der Bundesrepublik Deutschland, 2005

[99] Cornelißen, Waltraud: Kinderwunsch und Kinderlosigkeit im Modernierungsprozess; In: Berger, Peter A. und Kahlert, Heike (Hrsg.): Der demographische Wandel – Chancen für die Neuordnung der Geschlechterverhältnisse, 2006

[100] Darwin, Charles: Abstammung des Menschen, 2005

[101] Darwin, Charles: Die Entstehung der Arten, 1986

[102] Davis, Mike: Planet der Slums, 2007

[103] Dawkins, Richard: Das egoistische Gen, 2007

[104] Dawkins, Richard: Der blinde Uhrmacher – Ein neues Plädoyer für den Darwinismus, 1996

[105] D'Eaubonne, Francoise: Feminismus oder Tod, 1975

[106] De Beauvoir, Simone: Das andere Geschlecht – Sitte und Sexus der Frau, 6. Auflage, 2006

[107] Der SPIEGEL, 2006a: Britische Studie – Deutsche sollen intelligenteste Europäer sein, 27.03.2006, http://www.spiegel.de/wissenschaft/mensch/0,1518,408084,00.html

[108] Der SPIEGEL: Ethik – Fluch und Segen, 16.04.2007, 16/2007, Seite 48

[109] Der SPIEGEL, 2006b: Intelligenz – "Frühstücken macht klug", 03.04.2006, 14/2006, Seite 163

[110] Der SPIEGEL special: Jung im Kopf – Die Chancen der alternden Gesellschaft, Nr. 8/2006

[111] Der SPIEGEL: TV-Programm – Kinderfreie Zone, 15.04.2006, 16/2006, Seite 102

[112] Deutscher Juristinnenbund: Huntergrundpapier zur aktuellen Diskussion über eine Reform der Besteuerung von Ehe und Familie, http://www.djb.de/Kommissionen/kommission-recht-der-sozialen-sicherung-familienlastenausgleich/St-06-15-Famiiensplitting/

[113] Deutscher Juristinnenbund: Stellungnahme zum Referentenentwurf des BMFSFJ eines Gesetzes zur Einführung des Elterngeldes vom 12. Mai 2006 , 29.05.2006, http://www.djb.de/Kommissionen/kommission-recht-der-sozialen-sicherung-familienlastenausgleich/St-06-10-Elterngeld/

[114] Diamond, Jared 2006a: Der dritte Schimpanse – Evolution und Zukunft des Menschen, 2006

[115] Diamond, Jared, 2006b: Kollaps – Warum Gesellschaften überleben oder untergehen, 7. Auflage, 2006

[116] Dick DM et. al.: Association of CHRM2 with IQ – Converging Evidence for a Gene Influencing Intelligence, Behav Genet, 2007 Mar; 37(2), Seiten 265-272

[117] Dickens, William T. und Flynn, James R.: Heritability Estimates Versus Large Environmental Effects: The IQ Paradox Resolved, 2001, http://www.apa.org/journals/features/rev1082346.pdf

[118] Dierks, Marianne: Karriere! – Kinder, Küche? Zur Reproduktionsarbeit in Familien mit qualifizierten berufsorientierten Müttern, 2005

[119] Dießenbacher, Hartmut: Kriege der Zukunft – Die Bevölkerungsexplosion gefährdet den Frieden, 1998

[120] DIE WELT: Hintergrund: Was der Staat für die Familien tut, 21.11.2006, http://www.welt.de/data/2006/11/21/1118466.html

[121] DIE ZEIT: Wissen – Demografie, http://www.zeit.de/demografie

[122] Di Fabio, Udo: Die Kultur der Freiheit – Der Westen gerät in Gefahr, weil eine falsche Idee der Freiheit die Alltagsvernunft zerstört, 2005

[123] Dilthey, Matthias: Das Dilthey-Modell zur Ausgestaltung eines emanzipatorischen BGE, 2007, http://www.archiv-grundeinkommen.de/dilthey/dilthey-v1-2.pdf

[124] Dinklage, Meike: Der Zeugungsstreik – Warum die Kinderfrage Männersache ist, 2005

[125] Dobzhansky, Theodosius: Dynamik der menschlichen Evolution – Gene und Umwelt, 1965

[126] Dorn, Thea: Die neue F-Klasse – Wie die Zukunft von Frauen gemacht wird, 2006

[127] Drucker, Peter F.: Die postkapitalistische Gesellschaft, 1993

[128] Dubois, Lise: Diet in childhood – A social and behavioural perspective, http://www.stat.gouv.qc.ca/publications/sante/pdf_colloques/ISSBD_2002_Ottawa/ISSBD_3-08-02/ISSBD02_QLSCD_LDubois_et-al.pdf

[129] Duckweiler, Regina-Maria: Reproduktives Handeln im Kontext wohlfahrtsstaatlicher Geschlechterregime; In: Berger, Peter A. und Kahlert, Heike (Hrsg.): Der demographische Wandel – Chancen für die Neuordnung der Geschlechterverhältnisse, 2006

[130] Durkheim, Emile: Über soziale Arbeitsteilung – Studie über die Organisation höherer Gesellschaften, 4. Auflage, 2004

[131] Duschek, Klaus-Jürgen und Wirth, Heike: Kinderlosigkeit von Frauen im Spiegel des Mikrozensus – Eine Kohortenanalyse der Mikrozensen 1987 bis 2003, Statistisches Bundesamt, Wirtschaft und Statistik, 08/2005, Seiten 800-820

[132] E+Z: In den meisten Ländern altert die Bevölkerung, http://www.inwent.org/E+Z/content/archiv-ger/06-2005/schwer_art1.html

[133] Ebert, Thomas: Beutet der Sozialstaat die Familien aus? Darstellung und Kritik einer politisch einflussreichen Ideologie; In: Butterwegge, Christoph und Klundt, Michael (Hrsg.): Kinderarmut und Generationengerechtigkeit – Familien- und Sozialpolitik im demografischen Wandel, 2. Auflage, 2003

[134] Eggen, Bernd und Rupp, Marina (Hrsg.): Kinderreiche Familien, 2006

[135] Ehlers, Kai: Grundeinkommen für alle – Sprungbrett in eine integrierte Gesellschaft, 2006

[136] Ehmer, Josef: Bevölkerungsgeschichte und historische Demographie 1800-2000, 2004

[137] Ehrenberg, Birgit: Die Mami-Falle – Das etwas andere Handbuch für glückliche Mütter, 2006

[138] Eibl-Eibesfeldt, Irenäus: Die Biologie des menschlichen Verhaltens – Grundriss der Humanethologie, 5. Auflage, 2004

[139] Eisler, Rudolf: Wörterbuch – Reproduktion, http://www.textlog.de/5016.html

[140] Ekardt, Felix: Das Prinzip Nachhaltigkeit – Generationengerechtigkeit und globale Gerechtigkeit, 2005

[141] Elias, Norbert 1997a: Über den Prozess der Zivilisation – Erster Band, 1997

[142] Elias, Norbert 1997b: Über den Prozess der Zivilisation – Zweiter Band, 1997

[143] Elterngeld.net: Alle Infos zum Elterngeld 2007, http://www.elterngeld.net/

[144] Eltern im Netz: Minderjährige Mütter, http://www.elternimnetz.de/cms/paracms.php?site_id=5&page_id=124

[145] Engelhardt, Henriette und Prskawetz, Alexia: Beruf und Familie immer noch schwer zu vereinbaren – Europäische Länder unterstützen Frauen unterschiedlich, Demografische Forschung, 2005, Jahrgang 2, Nr. 3, http://www.demografische-forschung.org/archiv/defo0503.pdf

[146] Erke, Burkhard, Grundlagen der modernen Makroökonomik – Bestimmungsgründe gesamtwirtschaftlicher Größen, 2001

[147] Etzemüller, Thomas: "Das ist Politik mit der Angst", 26.02.2007, http://www.stern.de/politik/deutschland/:Demografie-Experte-Das-Politik-Angst/583402.html

[148] Falk Armin: The Intergenerational Transmission of Risk and Trust Attitudes, 2006, http://ftp.iza.org/dp2380.pdf

[149] Fasshauer, Stephan: Die Folgen des demographischen Wandels für die gesetzliche Rentenversicherung; In: Kerschbaumer J, Schroeder W (Hrsg.): Sozialstaat und demographischer Wandel – Herausforderungen für Arbeitsmarkt und Sozialversicherung, 2005

[150] FAZ.NET: Kinderwünsche, http://www.faz.net/s/Rub5A6DAB001EA2420BAC082C25414D2760/Doc~E12BB1928E43F437D95A112F10E4B3B8D~ATpl~Ecommon~Scontent.html

[151] FAZ.NET: Nur das Patriarchat kann die Menschheit retten, 03.04.2006, http://www.faz.net/s/RubCF3AEB154CE64960822FA5429A182360/Doc~E2C2975B76FA04296A771F847ADC0D9EA~ATpl~Ecommon~Scontent.html

[152] FAZ.NET: Unsere Regierung ist hirntot – Interview mit Thomas L. Friedman, 08.09.2006, http://www.faz.net/s/Rub117C535CDF414415BB243B181B8B60AE/Doc~E1F8B5CA31D49467E89C3E4FB9BA9E952~ATpl~Ecommon~Scontent.html

[153] Fellner, Uschi: Wir Rabenmütter – Kinder und Beruf. Wie viele Frauen es doch schaffen, 1994

[154] Flöthmann, Jürgen und Höhn, Charlotte (Hrsg.): Wege zu einer erfolgreichen Familien- und Bevölkerungspolitik – Beiträge zur Jahrestagung 2005, 2007

[155] Foucault, Michel: Die Ordnung des Diskurses, 10. Auflage, 2001

[156] Friedman, Thomas L.: Die Welt ist flach – Eine kurze Geschichte des 21. Jahrhunderts, 2006

[157] Friesen, Astrid von: Schuld sind immer die anderen! Die Nachwehen des Feminismus: frustrierte Frauen und schweigende Männer, 2006

[158] Galor, Oded and Moav, Omer: Natural Selection and the Origin of Economic Growth, 15.08.2000, http://globetrotter.berkeley.edu/macarthur/inequality/papers/GalorNaturSel.pdf

[159] Gaschke, Susanne: Die Emanzipationsfalle – Erfolgreich, einsam, kinderlos, 2005

[160] Gaschke, Susanne: Die Erziehungskatastrophe – Kinder brauchen starke Eltern, 2003

[161] Gaschke, Susanne: Es ist die Wirtschaft, meine Damen. DIE ZEIT, 47, Nr. 38, 14. September 2006, Seite 3

[162] Gaschke, Susanne: "Fragt die Frauen!" – Ein aktuelles Gutachten empfiehlt der Regierung, alles dafür zu tun, dass es in Deutschland mehr Kinder gibt, DIE ZEIT, 46, Nr. 19, 04. Mai 2005, http://www.zeit.de/2005/19/FamilienPolitik

[163] Gaschke, Susanne: Ihr Verlierer! – Die Männer sind in Not: In der Schule, auf dem Arbeitsmarkt und im Familienleben. Eine Schadensbilanz, DIE ZEIT, 47, Nr. 25, 16. Juni 2006, http://www.zeit.de/2006/25/Maenner_Verlierer

[164] Gaschke, Susanne: Wenn Männer dröhnen – Die Propaganda für Fortpflanzung könnte die letzen Reste von Familienbegeisterung zerstören, DIE ZEIT, 47, Nr. 13, 23. März 2006, Seite 1

[165] GEOlino.de: Warum es keine Riesenlöwen gibt, 17.01.2006, http://www.geo.de/GEOlino/nachrichten/52530.html

[166] Gerhardt U, Hradil S, Lucke D, Nauck B (Hrsg.): Familie der Zukunft – Lebensbedingungen und Lebensformen, 1995

[167] Gerlach, Irene: Familienpolitik, 2004

[168] Gerlinger, Johannes: Die Demographische Alterung in Deutschland und die Folgen für Wirtschaft und Gesellschaft, http://www.joejoe.de/examen/Die_demographische_Alterung_in_Deutschland.pdf

[169] Gerster, Petra und Nürnberger, Christian 2004a: Der Erziehungsnotstand – Wie wir die Zukunft unserer Kinder retten, 2. Auflage, 2004

[170] Gerster, Petra und Nürnberger, Christian 2004b: Stark für das Leben – Wege aus dem Erziehungsnotstand, 2004

[171] Giarini, Orio und Liedtke, Patrick M.: Wie wir arbeiten werden – Der neue Bericht an den Club of Rome, 2002

[172] Gilbert, Daniel: Ins Glück stolpern – Über die Unvorhersehbarkeit dessen, was wir uns am meisten wünschen, 2006

[173] Global Marshall Plan Initiative (Hrsg.): Welt in Balance – Zukunftschance Ökosoziale Marktwirtschaft, 2004

[174] GMX: Amerikaner geht mit 100 in den Ruhestand – Keinen Tag krank gewesen, http://www.gmx.net/de/themen/beruf/karriere/business/2094728.html

[175] Goffman, Erwing: Wir alle spielen Theater – Die Selbstdarstellung im Alltag, 5. Auflage, 2003

[176] Gold, Helmut et al. (Hrsg.): globalisierung 2.0 Katalog, 2007

[177] Gore, Al: Angriff auf die Vernunft, 2007

[178] Gore, Al: Eine unbequeme Wahrheit – Die drohende Klimakatastrophe und was wir dagegen tun können, 2006

[179] Gould, Stephen J.: Darwin nach Darwin – Naturgeschichtliche Reflexionen, 1984

[180] Graf, Daniela und Zaun, Fritz (Hrsg.): Zur Rolle des Staates im Spannungsfeld zwischen Nationalstaat und Globalisierung, 2003

[181] Groll, Franz: Wie das Kapital die Wirtschaft ruiniert – Der Weg zu einer ökologisch-sozialen Gesellschaft, 2. Auflage, 2004

[182] Grunwald, Armin und Kopfmüller, Jürgen: Nachhaltigkeit, 2006

[183] Gumin, Heinz und Meier, Heinrich: Einführung in den Konstruktivismus, 9. Auflage, 2006

[184] Gürs, Karl: Evolution und Zivilisation – Der Weg der Menschheit, 2005

[185] Hahlbrock, Klaus: Kann unsere Erde die Menschen noch ernähren? Bevölkerungsexplosion, Umwelt, Gentechnik, 2007

[186] Hakim, Catherine: Work-Lifestyle Choices in the 21st Century – Preference Theory, 2005

[187] Hardin, Garrett: The Tragedy of the Commons, 1968, http://www.garretthardinsociety.org/articles/art_tragedy_of_the_commons.html

[188] Harford, Tim: Ökonomics – Warum die Reichen reich sind und die Armen arm und Sie nie einen günstigen Gebrauchtwagen bekommen, 2006

[189] HBF: Position des Heidelberger Büros für Familienfragen und Soziale Sicherheit (HBF) zur Debatte um das "Erziehungsgehalt", 1999, http://www.heidelberger-familienbuero.de/HBF-Position-zur-Wahlfreiheit-u-Erziehungsgehalt.htm

[190] Heine, Matthias: "Ich war Unterschicht", Frankfurter Allgemeine Sonntagszeitung, 29.10.2006, http://www.faz.net/s/RubCD175863466D41BB9A6A93D460B81174/Doc~E0E59EFBB99F64289AC3D2AF52698CE98~ATpl~Ecommon~Scontent.html

[191] Heinsohn, Gunnar: Finis Germaniae? Reflexionen über demografische Ursachen von Revolutionen, Kriegen und politischen Niederlagen, Kursbuch 162, 2005, http://www.zeit.de/feuilleton/kursbuch_162/1_heinsohn

[192] Heinsohn, Gunnar: Söhne und Weltmacht – Terror im Aufstieg und Fall der Nationen, 3. Auflage, 2006

[193] Heinsohn, Gunnar: Zwei – nicht mehr und nicht weniger, 20.05.2006, http://www.welt.de/print-welt/article218169/Zwei_-_nicht_mehr_und_nicht_weniger.html

[194] Heinsohn, Gunnar und Knieper, Rolf: Theorie des Familienrechts – Geschlechtsrollenaufhebung, Kindesvernachlässigung, Geburtenrückgang, 1974

[195] Heinsohn, Gunnar und Steiger, Otto: Eigentum, Zins und Geld – Ungelöste Rätsel der Wirtschaftswissenschaft, 3. Auflage, 2004

[196] Henke, Winfried und Rothe, Hartmut: Menschwerdung, 2003

[197] Henn, Wolfram: Warum Frauen nicht schwach, Schwarze nicht dumm und Behinderte nicht arm dran sind – Der Mythos von den guten Genen, 2. Auflage, 2004

[198] Herman, Eva 2006a: Das Eva-Prinzip – Für eine neue Weiblichkeit, 2006

[199] Herman, Eva: Das Prinzip Arche Noah – Warum wir die Familie retten müssen, 2007

[200] Herman, Eva 2006b: Die Emanzipation – ein Irrtum? Mai 2006, http://www.cicero.de/97.php?ress_id=7&item=1111

[201] Herrnstein, Richard J. und Murray, Charles: The Bell Curve – Intelligence and Class Structure in American Life, 1996

[202] Hettlage, Robert: Familienreport – Eine Lebensform im Umbruch, 2. Auflage, 1998

[203] Hill, Paul B. und Kopp, Johannes: Familiensoziologie – Grundlagen und theoretische Perspektiven, 3. überarb. Auflage, 2004

[204] Hoem, Jan M.: Warum bekommen die Schweden mehr Kinder als die Deutschen? http://www.zdwa.de/zdwa/meinungen/20060127_23051974_meinungW3DnavidW261.php

[205] Höffe, Otfried: Demokratie im Zeitalter der Globalisierung, 2002

[206] Höhler, Getrud: Jenseits der Gier – Vom Luxus des Teilens, 2. Auflage, 2005

[207] Höhler, Gertrud: Vorwort; In: Ludwig C., Mannes A. (Hrsg.): Mit der Spaßgesellschaft in den Bildungsnotstand – 17 streitbare Beiträge für einen Aufbruch aus der Bildungsmisere, 2. Auflage, 2004

[208] Holland-Cunz, Barbara: Die alte neue Frauenfrage, 8. Auflage, 2006

[209] Homburg, Stefan und Schnabel, Reinhold: Reform der Familienpolitik, 2005

[210] Hondrich, Karl Otto: Die Bevölkerung schrumpft? Wunderbar!, 08/2005, http://www.cicero.de/97.php

[211] Hondrich, Karl Otto: Weniger sind mehr – Warum der Geburtenrückgang ein Glücksfall für unsere Gesellschaft ist, 2007

[212] Hopcroft, Rosemary L.: Sex, status, and reproductive success in the contempory United States, Evolution and Human Behaviour, 27 (2006), 104-120

[213] Höpflinger, Francois: Bevölkerungssoziologie – Eine Einführung in bevölkerungssoziologische Ansätze und demographische Prozesse, 1997

[214] Hörisch, Jochen: Es gibt (k)ein richtiges Leben im falschen, 2003

[215] Hörisch, Jochen: Theorie-Apotheke – Eine Handreichung zu den humanwissenschaftlichen Theorien der letzten fünfzig Jahre, einschließlich ihrer Risiken und Nebenwirkungen, 2005

[216] Horx, Matthias: Anleitung zum Zukunfts-Optimismus – Warum die Welt nicht schlechter wird, 2007

[217] Horx, Matthias: "Das 21. Jahrhundert ist das Jahrhundert der Frauen.", 2/2004, http://www.frauen-aktiv.de/aktiv/24/seite7.php

[218] Houellebecq, Michel: Elementarteilchen, 2001

[219] Hradil, Stefan: Auf dem Wege zur "Single-Gesellschaft"; In: Gerhardt U, Hradil S, Lucke D, Nauck B (Hrsg.): Familie der Zukunft – Lebensbedingungen und Lebensformen, 1995

[220] Hummel, Diana: Demographisierung gesellschaftlicher Probleme? Der Bevölkerungsdiskurs aus feministischer Sicht; In: Berger, Peter A. und Kahlert, Heike (Hrsg.): Der demographische Wandel – Chancen für die Neuordnung der Geschlechterverhältnisse, 2006

[221] Hüther, Michael: Bevölkerungsorientierte Familienpolitik – Wachstumspolitische Vorsorge; In: Zimmermann, Klaus F. (Hrsg.): Deutschland – was nun? Reformen für Wirtschaft und Gesellschaft, 2006

[222] Hutter, Claus-Peter und Troge, Andreas (Hrsg.): Bevölkerungsrückgang – Konsequenzen für Flächennutzung und Umwelt, 2004

[223] INET Gerichte: Düsseldorfer Tabelle, http://www.olg-duesseldorf.nrw.de/service/ddorftab/intro.htm

[224] Innovationsreport: 2005: Weniger Eheschließungen und Geburten, mehr Sterbefälle, http://www.innovations-report.de/html/berichte/statistiken/bericht-69059.html

[225] IQ Comparison Site: The Flynn Effect for Different Countries, 1987, http://www.iqcomparisonsite.com/Locations.aspx

[226] IZA, 2007a: Beschäftigungswirkungen und fiskalische Effekte einer Einführung des Solidarischen Bürgergeldes, März 2007, http://www.iza.org/files/IZA-Berechnungen_Althaus-Modell.pdf

[227] IZA, 2007b: "Solidarisches Bürgergeld" ein Irrweg, 23. März 2007, http://www.iza.org/files/IZA-Presse-Althaus26032007.pdf

[228] Jablonka, Eva und Lamb, Marion J.: Evolution in Four Dimensions – Genetic, Epigenetic, Behavioral, and Symbolic Variation in the History of Life, 2006

[229] Jäckel, Karin: Deutschland frisst seine Kinder – Familie heute: Ausgebeutet – ausgebrannt, 2000

[230] Jaenicke, Ruprecht: Bevölkerungsentwicklung: A-H-O-V-X, http://www.faz.net/s/RubFC06D389EE76479E9E76425072B196C3/Doc%7EE6E52DF4987844F3EB129FBEF49DB7D6A%7EATpl%7EEcommon%7EScontent.html

[231] Jäger, Wieland und Meyer, Hanns-Joachim: Sozialer Wandel in soziologischen Theorien der Gegenwart, 2003

[232] Jäger, Wieland und Weinzierl, Ulrike: Moderne soziologische Theorien und sozialer Wandel, 2007

[233] Jäncke, L.: Die Gehirnentwicklung, http://www.psychologie.unizh.ch/neuropsy/Lehre/WS0607/Biopsy1/VL7-Gehirnentwicklung.pdf

[234] Joas, Hans (Hrsg.): Lehrbuch der Soziologie, 2001

[235] Joas, Hans und Knöbl, Wolfgang: Sozialtheorie. Zwanzig einführende Vorlesungen, 2. Auflage, 2004

[236] Joffe, Josef: Kinderschwund – na und? Deutschland ist überbevölkert, DIE ZEIT, 47, Nr. 13, 23. März 2006, Seite 55

[237] Jones, Steve: Wie der Wal zur Flosse kam – Ein neuer Blick auf den Ursprung der Arten, 2002

[238] Jünemann, Elisabeth und Ludwig, Hans (Hrsg.): Vollbeschäftigung ist möglich – Makroökonomische Simulation der Wirkungen eines zusätzlichen Erziehungseinkommens, 2002

[239] Jung, Irene: Wo bleiben die Kinder? Hamburger Abendblatt, 19.02.2005, http://www.abendblatt.de/daten/2005/02/19/400565.html

[240] Junge, Matthias: Individualisierung, 2002

[241] Junker, Reinhard 2006a: Zur Abgrenzung von Mikroevolution und Makroevolution, 2006, http://www.genesisnet.info/pdfs/Mikroevolution_Makroevolution.pdf

[242] Junker, Reinhard und Scherer, Siegfried: Evolution – Ein kritisches Lehrbuch, 6. Auflage, 2006

[243] Junker, Thomas 2006b: Die Evolution des Menschen, 2006

[244] Junker, Thomas und Hoßfeld, Uwe: Die Entdeckung der Evolution – Eine revolutionäre Theorie und ihre Geschichte, 2001

[245] Kaesler, Dirk (Hrsg.): Aktuelle Theorien der Soziologie. Von Shmuel N. Eisenstadt bis zur Postmoderne, 2005

[246] Kaesler, Dirk (Hrsg.): Klassiker der Soziologie 01 – Von Auguste Comte bis Alfred Schütz, 5. Auflage, 2006

[247] Kaesler, Dirk (Hrsg.): Klassiker der Soziologie 02. Von Talcott Parsons bis Pierre Bourdieu, 2003

[248] Kanazawa, Satoshi: An empirical test of a possible solution to "the central theoretical problem of sociobiology", Journal of Cultural and Evolutionary Psychology, 3 (2005) 3-4, 249-260

[249] Kanazawa, Satoshi: Can evolutionary psychology explain reproductive behavior in the contempory United States? Sociological Quaterly, 44 (2003), 291-301

[250] Kanazawa, Satoshi: General intelligence as a domain-specific adaption, Psychological Review, 111 (2004), 512-523

[251] Kanter, Olaf: Frauen und Kinder zuerst!, http://www.mare.de/mare/hefte/beitrag-buend.php?id=760&&heftnummer=41

[252] Kapitza, Sergey P.: Global Population Blow-Up and After – The Demographic Revolution and Information Society, 2006

[253] Karsch, Margret: Feminismus für Eilige, 2004

[254] Kasemir, Helga: Der Beitrag der Familie zur Bildung von Human- und Sozialkapital; In: Clar G, Doré J, Mohr H (Hrsg.): Humankapital und Wissen – Grundlagen einer nachhaltigen Entwicklung, 1997

[255] Kaufmann, Franz-Xaver 2005a: Schrumpfende Gesellschaft – Vom Bevölkerungsrückgang und seinen Folgen, 2005

[256] Kaufmann, Franz-Xaver 2005b: Sozialpolitik und Sozialstaat: Soziologische Analysen, 2. erw. Auflage, 2005

[257] Kaufmann, Franz-Xaver 2003a: Sozialpolitisches Denken, 2003

[258] Kaufmann, Franz-Xaver 2003b: Varianten des Wohlfahrtsstaats – Der deutsche Sozialstaat im internationalen Vergleich, 4. Auflage, 2003

[259] Kaufmann, Franz-Xaver 2000: Wie überlebt das Christentum? 2. Auflage, 2000

[260] Kaufmann, Franz-Xaver 1990: Zukunft der Familie – Stabilität, Stabilitätsrisiken und Wandel der familialen Lebensformen sowie ihre gesellschaftlichen und politischen Bedingungen, 1990

[261] Keller, Reiner: Diskursforschung – Eine Einführung für SozialwissenschaftlerInnen, 3. Auflage, 2007

[262] Kenrick DT, Sadalla EK, Groth G, Trost MR: Evolution, traits, and the stages of human courtship – Qualifying the parental investment model, Journal of Personality, 1990, 58, Seiten 97-116

[263] Kernig, Claus D.: Und mehret euch? Deutschland und die Weltbevölkerung im 21. Jahrhundert, 2006

[264] Kerschbaumer J, Schroeder W: Demographischer Wandel ist gestaltbar; In: Kerschbaumer J, Schroeder W (Hrsg.): Sozialstaat und demographischer Wandel – Herausforderungen für Arbeitsmarkt und Sozialversicherung, 2005

[265] Kerschbaumer J, Schroeder W (Hrsg.): Sozialstaat und demographischer Wandel – Herausforderungen für Arbeitsmarkt und Sozialversicherung, 2005

[266] Kessl, Fabian: Die Wiederkehr der sozialen Frage – ein Postskriptum zur jüngsten Debatte um die „neue Unterschicht"; In: Kessl F, Reutlinger C, Ziegler H (Hrsg.): Erziehung zur Armut? Soziale Arbeit und die ‚neue Unterschicht', 2007

[267] Kessl F, Reutlinger C, Ziegler H (Hrsg.): Erziehung zur Armut? Soziale Arbeit und die ‚neue Unterschicht', 2007

[268] Kirchhof, Paul: Das Gesetz der Hydra – Gebt den Bürgern ihren Staat zurück!, 2006

[269] Kirchhof, Paul: Der Staat – eine Erneuerungsaufgabe, 2005

[270] Kirchhof, Paul: Der Weg zu einem neuen Steuerrecht – klar, verständlich, gerecht, 2. Auflage, 2005

[271] Kistler, Ernst: Demographischer Wandel und Arbeitsmarkt; In: Kerschbaumer J, Schroeder W (Hrsg.): Sozialstaat und demographischer Wandel – Herausforderungen für Arbeitsmarkt und Sozialversicherung, 2005

[272] Kistler, Ernst: Die Methusalem-Lüge – Wie mit demographischen Mythen Politik gemacht wird, 2006

[273] Kittlaus, Bernd: Die Single-Lüge – Eine Kritik der Argumentationsmuster im Zeitalter der Demografiepolitik, 2006

[274] Klammer, Ute: Lebenslauforientierte Sozialpolitik – Ein Lösungsansatz zur Vereinbarkeit von Beruf und Familie im demographischen Wandel; In: Berger, Peter A. und Kahlert, Heike (Hrsg.): Der demographische Wandel – Chancen für die Neuordnung der Geschlechterverhältnisse, 2006

[275] Klein, Doreen: Zum Kinderwunsch von Kinderlosen in Ost- und Westdeutschland, BiB, Materialien zur Bevölkerungswissenschaft, 2006, Heft 119

[276] Klein, Thomas: Sozialstrukturanalyse – Eine Einführung, 2005

[277] Klinger, Nadja und König, Jens: Einfach abgehängt – Ein wahrer Bericht über die neue Armut in Deutschland, 2006

[278] Klonovsky, Michael und Scherer, Martin: Die Hermansschlacht, FOCUS, Nr. 37, 11. September 2006

[279] Knaths, Marion: Spiele mit der Macht – Wie sich Frauen durchsetzen, 2. Auflage, 2007

[280] Knaul, Eckart: Das biologische Massenwirkungsgesetz – Ursache von Aufstieg und Untergang der Kulturen, 1985

[281] Knaul, Eckart: Rom – Weltmacht biologisch gesteuert, 1977

[282] Koch, Klaus: Ernährungsempfehlungen ohne Gewähr, http://www.evibase.de/texte/rahmen_text.htm?/texte/sz/texte/ernaehrungsempfehlungen_ohne.htm

[283] Koch-Mehrin, Silvana: Schwestern – Streitschrift für einen neuen Feminismus, 2007

[284] Kofler, Birgit: Kinderlos, na und? Kein Baby an Bord, 2006

[285] Kopp, Johannes: Geburtenentwicklung und Fertilitätsverhalten – Theoretische Modellierungen und empirische Erklärungsansätze, 2002

[286] Korte, Hermann: Soziologie, 2004

[287] Koslowski, Rey: Migrants and Citizens – Demographic Change in the European State System, 2000

[288] Kösters, Winfried: Weniger, bunter, älter, 2006

[289] Kreissl, Reinhard: Die ewige Zweite – Warum die Macht den Frauen immer eine Nasenlänge voraus ist, 2000

[290] kreuz.net: Bischof Mixa gegen Gebärmaschinen, 22.02.2007, http://www.kreuz.net/article.4751.html

[291] Kricheldorf, Beate: Verantwortung – Nein danke! Weibliche Opferhaltung als Strategie und Taktik, 3. Auflage 2006

[292] Kroetz-Relin, Marie Theres: If pigs could fly – Die Hausfrauenrevolution, 2004

[293] Kröhnert Steffen und Klingholz, Reiner: Emanzipation oder Kindergeld? Der europäische Vergleich lehrt, was man für höhere Geburtenraten tun kann, http://www.berlin-institut.org/pdfs/Emanzipation%20oder%20Kindergeld_1512.pdf

[294] Kröhnert S, Medicus F, Klingholz R: Die demographische Lage der Nation – Wie zukunftsfähig sind Deutschlands Regionen, 2006

[295] Kröhnert S, van Olst N, Klingholz R: Emanzipation oder Kindergeld – Wie sich die unterschiedlichen Kinderzahlen in den Ländern Europas erklären, http://www.berlin-institut.org/pdfs/emanzipation_oder_kindergeld.pdf

[296] Kuchenbecker, Tanja: Gluckenmafia gegen Karrierehühner, 2007

[297] Kuhn, Steven L. und Stiner, Mary C.: What's a Mother to Do? The Division of Labor among Neandertals and Modern Humans in Eurasia, Current Anthropology, 2006, Vol. 47(6), Seiten 953-980, http://www.journals.uchicago.edu/CA/journal/issues/v47n6/066001/brief/066001.abstract.html

[298] Künzler, Jan: Familiale Arbeitsteilung – Die Beteiligung von Männern an der Hausarbeit, 2000

[299] Lakoff, George: Don't think of an elephant! Know your values and frame the debate, 2004

[300] Lambeck, Silke und Zylka, Regine: Das große Jein – Zwanzig Frauen reden über die Kinderfrage, 2006

[301] Landesamt für Datenverarbeitung und Statistik Nordrhein-Westfalen: NRW – Der Lehrerberuf wird weiblicher, http://www.lds.nrw.de/presse/pressemitteilungen/2003/pres_129_03.html

[302] land-ohne-kinder.de: Für viele sind Kinder eher eine Last als eine Bereicherung, http://www.land-ohne-kinder.de/index.php?molgo=kinderlast

[303] land-ohne-kinder.de: USA: Ein Sechstel der Wirtschaftskraft für die Gesundheit, http://www.land-ohne-kinder.de/index.php?molgo=usagesund

[304] Lange, Stefan und Braun, Dietmar: Politische Steuerung zwischen System und Akteur, 2000

[305] Latif, Mojib: Bringen wir das Klima aus dem Takt? Hintergründe und Prognosen, 2007

[306] Lavers, Chris: Warum haben Elefanten so große Ohren? Dem genialen Bauplan der Tiere auf der Spur, 2. Auflage, 2003

[307] Layard, Richard: Die glückliche Gesellschaft – Kurswechsel für Politik und Wirtschaft, 2005

[308] Lederer, Iris: Mama ist im Meeting, 2005

[309] Lehrl, Siegfried und Fischer, Bernd: A basic information psychological parameter (BIP) for the reconstruction of concepts of intelligence; In: European Journal of Personality, 4 (1990), S. 259-286, http://www.v-weiss.de/lehrl-full.html

[310] Leibfried, Stephan und Zürn, Michael (Hrsg.): Transformation des Staates? 2006

[311] Leipert, Christian: Familie als Beruf – Für eine Anerkennung der Erziehungs- und Familienarbeit als produktiver, gesellschaftlich relevanter und monetär honorierter Leistung, Die politische Meinung, 367/2000, Seiten 83-88

[312] Leipert, Christian (Hrsg.): Aufwertung der Erziehungsarbeit – Europäische Perspektiven einer Strukturreform der Familien- und Gesellschaftspolitik, 1999

[313] Leipert, Christian (Hrsg.): Demographie und Wohlstand – Neuer Stellenwert für Familie in Wirtschaft und Gesellschaft, 2003

[314] Leipert, Christian (Hrsg.): Familie als Beruf: Arbeitsfeld der Zukunft, 2001

[315] Leipert, Christian und Opielka, Michael: Erziehungsgehalt 2000 – Ein Weg zur Aufwertung der Erziehungsarbeit, 1998

[316] Leisinger, Klaus M.: Die sechste Milliarde, 2. Auflage, 1999

[317] Leisinger, Klaus M.: Hoffnung als Prinzip – Bevölkerungspolitik mit menschlichem Antlitz, 1994

[318] Le Monde diplomatique (Hrsg.): Atlas der Globalisierung – Die neuen Daten und Fakten zur Lage der Welt, 2006

[319] Lenzen, Manuela: Evolutionstheorien in den Natur- und Sozialwissenschaften, 2003

[320] Leroi, Armand M.: Tanz der Gene – Von Zwittern, Zwergen und Zyklopen, 2004

[321] Levitt, Steven D. und Dubner, Stephen J.: Freakonomics – Überraschende Antworten auf alltägliche Lebensfragen, 2. Auflage, 2006

[322] Lewontin RC, Rose S, Kamin LJ: Die Gene sind es nicht ... Biologie, Ideologie und menschliche Natur, 1988

[323] Lexas Information Network: Medianalter, http://www.lexas.net/laenderinfos/daten/bevoelkerung/medianalter.asp

[324] Liminski, Martine und Liminski, Jürgen: Abenteuer Familie – Erfolgreich erziehen: Liebe und was sonst noch nötig ist, 2002

[325] Linde, Hans: Theorie der säkularen Nachwuchsbeschränkung 1800 bis 2000, 1984

[326] Livi Bacci, Massimo: Europa und seine Menschen – Eine Bevölkerungsgeschichte, 1999

[327] Loehlin, John C.: Genes and Environment in Personality Development, 1992

[328] Loehlin JC, Nichols RC: Heredity, Environment and Personality – A Study of 850 Sets of Twins, 1976

[329] Löffler, Georg und Petrides, Petro E.: Biochemie und Pathobiochemie, 7. Auflage, 2003

[330] Löhr, Mechthild: Argumente zur Familienförderung aus Unternehmenssicht; In: Leipert, Christian (Hrsg.): Demographie und Wohlstand – Neuer Stellenwert für Familie in Wirtschaft und Gesellschaft, 2003

[331] Longman, Phillip: The Empty Cradle – How Falling Birthrates Threaten World Prosperity and What to Do about It, 2004

[332] Lorenz, Konrad: Das sogenannte Böse – Zur Naturgeschichte der Aggression, 1998

[333] Lorenz, Konrad: Die acht Todsünden der zivilisierten Menschheit, 2005

[334] Löwenstein, Stephan: Demographie: "Im Jahr 2015 Schock in Ostdeutschland", http://www.faz.net/s/Rub594835B672714A1DB1A121534F010EE1/Doc~E0E9BE8C8899644539A7F8F7829C5D197~ATpl~Ecommon~Sspezial.html

[335] Ludwig C., Mannes A. (Hrsg.): Mit der Spaßgesellschaft in den Bildungsnotstand – 17 streitbare Beiträge für einen Aufbruch aus der Bildungsmisere, 2. Auflage, 2004

[336] Luft, Stefan: Abschied von Multikulti – Wege aus der Integrationskrise, 2006

[337] Luhmann, Niklas: Die Gesellschaft der Gesellschaft, 6. Auflage, 1998

[338] Luhmann, Niklas: Ökologische Kommunikation – Kann die moderne Gesellschaft sich auf ökologische Gefährdungen einstellen, 4. Auflage, 2004

[339] Luhmann, Niklas: Organisation und Entscheidung, 2000

[340] Luhmann, Niklas: Soziale Systeme – Grundriß einer allgemeinen Theorie, 1987

[341] Luhmann, Niklas: Soziologische Aufklärung 6 – Die Soziologie und der Mensch, 1999

[342] Luhmann, Niklas und Baecker, Dirk (Hrsg.): Einführung in die Systemtheorie, 3. Auflage, 2006

[343] Luks, Fred: Nachhaltigkeit, 2002

[344] Lüth, Erik und Raffelhüschen, Bernd: Die Finanzierung des Erziehungsgehalts 2000 – eine langfristige Herausforderung; In: Leipert, Christian (Hrsg.): Aufwertung der Erziehungsarbeit – Europäische Perspektiven einer Strukturreform der Familien- und Gesellschaftspolitik, 1999

[345] Lutz W, Skirbekk V, Testa MR: The Low Fertility Trap Hypothesis – Three mechanisms that can produce a downward spiral in the future number of births in very low fertility settings, http://www.oeaw.ac.at/vid/download/pce/dec01/pm/Low_Fertility_Trap_01_12.pdf

[346] Lutz-Bachmann, Matthias und Bohman, James (Hrsg.): Weltstaat oder Staatenwelt? Für und wider die Idee einer Weltrepublik, 2002

[347] Lux-Wesener, Christina: Generationengerechtigkeit im Grundgesetz? Eine Untersuchung des Grundgesetzes auf Gewährleistungen von intergenerationeller Gerechtigkeit; In: Stiftung für die Rechte zukünftiger Generationen (Hrsg.): Handbuch Generationengerechtigkeit, 2003

[348] Lynn, Richard: Dysgenics – Genetic Deterioration in Modern Populations, 1996

[349] Lynn, Richard: The Decline of Genotypic Intelligence; In: Neisser, Ulric (Hrsg.): The Rising Curve – Long-Term Gains in IQ and Related Measures, 1998

[350] Lynn, Richard und Van Court, Marilyn: New evidence of dysgenic fertility for intelligence in the United States, Intelligence, 2004, 32 (2), Seiten 193-201

[351] Lynn, Richard und Vanhanen, Tatu: IQ and the Wealth of Nations, 2002

[352] Maaz, Hans-Joachim: Der Lilith Komplex – Die dunklen Seiten der Mütterlichkeit, 3. Auflage, 2006

[353] Mai, Ralf: Demographische Alterung in Deutschland – Die Entwicklung von 1871 bis 2050 und der Einfluss von Sterblichkeit und Zuwanderung auf die Alterung, Zeitschrift für Bevölkerungswissenschaft, Jg. 30, 1/2005, Seiten 43-80

[354] Mai, Ralf und Scharein, Manfred: Effekte der Außenwanderung auf die Bevölkerungsentwicklung und Alterung in den Bundesländern, Zeitschrift für Bevölkerungswissenschaft, Jg. 31, 3-4/2006, Seiten 365-388

[355] Mankiw, N. Gregory: Grundzüge der Volkswirtschaftslehre, 3. Auflage, 2004

[356] Mannes, Astrid Luise: Nach PISA ist vor PISA – die ehrliche Fehlersuche blieb aus; In: Ludwig C., Mannes A. (Hrsg.): Mit der Spaßgesellschaft in den Bildungsnotstand – 17 streitbare Beiträge für einen Aufbruch aus der Bildungsmisere, 2. Auflage, 2004

[357] Marschalck, Peter: Bevölkerungsgeschichte Deutschlands im 19. und 20. Jahrhundert, 2. Auflage, 1999

[358] Martin, Marty: Die Demontage der modernen Frau, 2006

[359] Maturana, Humberto R.: Repräsentation und Kommunikation; In: Maturana, Humberto: Erkennen: Die Organisation und Verkörperung von Wirklichkeit – Ausgewählte Arbeiten zur biologischen Epistemologie, 2. Auflage, 1985

[360] Maturana, Humberto R. und Varela, Francisco J.: Der Baum der Erkenntnis – Die biologischen Wurzeln menschlichen Erkennens, 12. Auflage, 1990

[361] Matussek, Matthias: Die vaterlose Gesellschaft – Eine Polemik gegen die Abschaffung der Familie, 2006

[362] Mauser, Wolfram: Wie lange reicht die Ressource Wasser? Vom Umgang mit dem blauen Gold, 2007

[363] Mayer, Susanne: Deutschland armes Kinderland – Wie die Ego-Gesellschaft unsere Zukunft verspielt, 2002

[364] Mayer, Susanne: Im Land der Muttis – Die deutsche Hausfrau gilt als Stütze der Nation. Dabei kostet es uns ein Vermögen, wenn bestens ausgebildete Frauen zu Hause bleiben, DIE ZEIT, 47, Nr. 29, 13. Juli 2006

[365] Mayer, Susanne: Strafsteuer für Kinderlose? Angela Merkel hat Recht: Familien müssen entlastet werden, DIE ZEIT, 44, Nr. 15, 03. April 2003

[366] Mayer, Tilman: Die demographische Krise – Eine integrative Theorie der Bevölkerungsentwicklung, 1999

[367] Mayer, Tilman: Wege zu einer erfolgreichen Familien- und Bevölkerungspolitik; In: Flöthmann, Jürgen und Höhn, Charlotte (Hrsg.): Wege zu einer erfolgreichen Familien- und Bevölkerungspolitik – Beiträge zur Jahrestagung 2005, 2007

[368] Mayr, Ernst: Das ist Evolution, 2. Auflage, 2005

[369] Meinhardt, Volker: Finanzierungsstrategien zur strukturellen Besserstellung der Familien; In: Leipert, Christian (Hrsg.): Aufwertung der Erziehungsarbeit – Europäische Perspektiven einer Strukturreform der Familien- und Gesellschaftspolitik, 1999

[370] MensHealth: Es kommt also doch auf die Größe an – Ein großes Gehirnvolumen weist auf gute sprachliche Fähigkeiten hin, 2005, http://www.menshealth.de/news/health/intelligenz_hirngroesse_bestimmt_sprachliche_kompetenz.43731.htm

[371] MerckMedicus Modules: Migraine – Epidemiology, http://www.merckmedicus.com/pp/us/hcp/diseasemodules/migraine/epidemiology.jsp

[372] Merrick, Thomas W., 2002: Population and poverty – New controversy; In: International Perspetives, 2002, 28(1), Seite 41-46

[373] Mersch, Dieter, Medientheorien zur Einführung, 2006

[374] Mersch, Peter, 2006a: Die Familienmanagerin – Kindererziehung und Bevölkerungspolitik in Wissensgesellschaften, 2006

[375] Mersch, Peter, 2007a: Hurra, wir werden Unterschicht! – Zur Theorie der gesellschaftlichen Reproduktion, 2007

[376] Mersch, Peter, 2007b: Irrweg Bürgergeld, 2007

[377] Mersch, Peter, 2007c: Die Emanzipation – ein Irrtum! Warum die Angleichung der Geschlechter unsere Gesellschaft restlos ruinieren wird, 2007

[378] Mersch, Peter, 2008: Evolution, Zivilisation und Verschwendung – Über den Ursprung von Autos, Banken und Mobiltelefonen, 2008

[379] Mersch, Peter, 2006b: Land ohne Kinder – Wege aus der demographischen Krise, 2006

[380] Mersch, Peter, 2006c: Migräne – Heilung ist möglich, 2006

[381] Metzger, Oswald: Einspruch! Wider den organisierten Staatsbankrott, 2004

[382] Meyer, Heinz: Emanzipation von der Männlichkeit – Genetische Dispositionen und gesellschaftliche Stilisierungen der Geschlechtsstereotype, 1993

[383] Miegel, Meinhard 2006a: Die deformierte Gesellschaft – Wie die Deutschen ihre Wirklichkeit verdrängen, 5. Auflage, 2006

[384] Miegel, Meinhard 2006b: Epochenwende – Gewinnt der Westen die Zukunft? 5. Auflage, 2006

[385] Miegel, Meinhard und Wahl, Stefanie: Das Ende des Individualismus – Die Kultur des Westens zerstört sich selbst, 3. Auflage, 2005

[386] Mikutta, Petra: Die bessere Hälfte schenk ich mir – Single aus Leidenschaft, 2000

[387] Miller, Geoffrey F.: Die sexuelle Evolution – Partnerwahl und die Entstehung des Geistes, 2001

[388] Mitscherlich, Margarete: Die Zukunft ist weiblich. 2. Auflage, 1990

[389] Mohr, Hans: Die Bedeutung des demographischen Wandels; In: Clar G, Doré J, Mohr H (Hrsg.): Humankapital und Wissen – Grundlagen einer nachhaltigen Entwicklung, 1997

[390] Mohr, Hans: Die Bedeutung des Sozialkapitals; In: Clar G, Doré J, Mohr H (Hrsg.): Humankapital und Wissen – Grundlagen einer nachhaltigen Entwicklung, 1997

[391] Mohr, Hans: Wissenschaft und menschliche Existenz – Vorlesungen über Struktur und Bedeutung der Wissenschaft, 1967

[392] Morris AAM: Cerebral ketone body metabolism, Journal of Inherited Metabolic Disease, Volume 28, Issue 2, Apr 2005, Pages 109 – 121

[393] Morris, Craig: Zukunftsenergien – Die Wende zum nachhaltigen Energiesystem, 2006

[394] Mulack, Christa: Der Mutterschaftsbetrug – Vom UnWert zum MehrWert des Mutterseins, 2006

[395] Müller, Albrecht: Die Reformlüge – 40 Denkfehler, Mythen und Legenden, mit denen Politik und Wirtschaft Deutschland ruinieren, 2005

[396] Müller, Reinhard: Leitartikel – Unterhalt, FAZ, 04.09.2006, http://www.faz.net/s/Rub7FC5BF30C45B402F96E964EF8CE790E1/Doc~E43EE0F5F9AFC419DA92DBC1D2C17590D~ATpl~Ecommon~Scontent.html

[397] Müller U, Nauck B, Diekmann A (Hrsg.): Handbuch der Demographie 1 – Modelle, Theorien und Methoden, 2000

[398] Müller-Beck, Hansjürgen: Die Steinzeit – Der Weg der Menschen in die Geschichte, 3. Auflage, 2004

[399] Müller-Kirschbaum, Thomas: Wirtschaftliche Zukunft braucht Familien; In: Leipert, Christian (Hrsg.): Demographie und Wohlstand – Neuer Stellenwert für Familie in Wirtschaft und Gesellschaft, 2003

[400] Münz, Rainer und Reiterer, Albert F.: Wie schnell wächst die Zahl der Menschen? Weltbevölkerung und weltweite Migration, 2007

[401] Murray, Peter: Klima im Wandel – Erde in Gefahr, 2007

[402] Museumsstiftung Post und Telekommunikation: Immer wieder Neues – Wie verändern Erfindungen die Kommunikation? 2002

[403] Nagel, Thomas: Was bedeutet das alles? Eine ganz kurze Einführung in die Philosophie, 1990

[404] Nave-Herz, Rosemarie: Ehe- und Familiensoziologie – Eine Einführung in Geschichte, theoretische Ansätze und empirische Befunde, 2004

[405] Nave-Herz, Rosemarie: Familie heute – Wandel der Familienstrukturen und Folgen für die Erziehung, 2. Auflage, 2002

[406] Neirynck, Jacques: Der göttliche Ingenieur – Die Evolution der Technik, 6. Auflage, 2006

[407] Neisser, Ulric: Rising Scores on Intelligence Tests, 1997, http://www.americanscientist.org/template/AssetDetail/assetid/24612?fulltext=true&print=yes

[408] Neisser, Ulric (Hrsg.): The Rising Curve – Long-Term Gains in IQ and Related Measures, 1998

[409] Netzzeitung.de: Die "Unterschichten"-Studie, 16.10.2006, http://www.netzeitung.de/deutschland/446754.html

[410] Netzzeitung.de: Viele Deutsche beklagen "Überfremdung", 13.07.2005, http://www.netzeitung.de/deutschland/348393.html

[411] Neufeld, Gordon und Maté, Gabor: Unsere Kinder brauchen uns! Die entscheidende Bedeutung der Kind-Eltern-Bindung, 2006

[412] Neugebauer, Gero: Politische Milieus in Deutschland – Die Studie der Friedrich-Ebert-Stiftung, 2007

[413] Newson L, Postmes T, Lea SEG, Webley P: Why are modern families small? Toward an evolutionary and cultural explanation of the demographic transition. Personality and Social Psychology Review, 9 (2005), 360-375

[414] Neyer G, Andersson G, Hoem J, Ronsen M, Vikat A: Fertilität, Familiengründung und Familienerweiterung in den nordischen Ländern, in: Bertram H, Krüger H, Spieß CK (Hrsg.): Wem gehört die Familie der Zukunft? Expertisen zum 7. Familienbericht der Bundesregierung, 2006

[415] Nick, Désirée: Eva go home, 3. Auflage, 2007

[416] Niller, Hans-Helmut: Selection of the living Dead, 15.02.2005, http://www.biotech-europe.de/rubric/archiv/editorials/102.html

[417] Nolte, Paul: Generation Reform – Jenseits der blockierten Republik, 6. Auflage, 2004

[418] n-tv: Immer weniger Kinder – Rückgang beschleunigt sich, 15.03.2006, http://www.n-tv:de/644879.html

[419] Nüsslein-Volhard, Christiane: CNV-Stiftung zur Förderung von Wissenschaft und Forschung, 2004, http://www.cnv-stiftung.de/content/hintergrund.html

[420] Odierna, Simone: Die heimliche Rückkehr der Dienstmädchen – Bezahlte Arbeit im prvaten Haushalt, 2000

[421] OECD: Wie funktioniert das Gehirn? Auf dem Weg zu einer neuen Lernwissenschaft, 2005

[422] OECD PISA: Schülerleistungen im internationalen Vergleich, 2001, http://unimut.fsk.uni-heidelberg.de/unimut/media/2001-pisa.pdf

[423] Opdenhövel, Patrick: Die demografische Herausforderung für Politik und Wirtschaft in Hessen – Daten, Fakten, Handlungsoptionen; In: Vereinigung der hessischen Unternehmerverbände e.V. (Hrsg). Zukunft Hessen, Zukunft Deutschland – Chancen der demografischen Herausforderung. 2005

[424] Opel, Anna: Guten Morgen, du Müde – Berufstätige Mütter erzählen, 2005

[425] Opielka, Michael: Die Idee einer Grundeinkommensversicherung – Analytische und politische Erträge eines erweiterten Konzepts der Bürgerversicherung; In: Strengmann-Kuhn, Wolfgang (Hrsg.): Das Prinzip Bürgerversicherung – Die Zukunft im Sozialstaat, 2005

[426] Opielka, Michael: Familienpolitik und Lebenslauf; In: Rehberg, Karl-Siegbert (Hrsg.): Differenz und Integration: Die Zukunft moderner Gesellschaften, 1997

[427] Opielka, Michael: Zur Debatte um ein Erziehungsgehalt in Deutschland; In: Leipert, Christian (Hrsg.): Aufwertung der Erziehungsarbeit – Europäische Perspektiven einer Strukturreform der Familien- und Gesellschaftspolitik, 1999

[428] Ostner, Ilona: Paradigmenwechsel in der (west)deutschen Familienpolitik; In: Berger, Peter A. und Kahlert, Heike (Hrsg.): Der demographische Wandel – Chancen für die Neuordnung der Geschlechterverhältnisse, 2006

[429] Otto, Jeannette: Aufgepasst! – Warum auch Erzieherinnen eine akademische Ausbildung brauchen. DIE ZEIT, 47, Nr. 28, 06. Juli 2006, Seite 71, http://www.zeit.de/2006/28/C-Erzieherinnen

[430] Packard, Vance: Die geheimen Verführer – Der Griff nach dem Unbewußten in jedermann, 1974

[431] Packard, Vance: Die große Verschwendung, 1982

[432] Parsons, Talcott: Sozialstruktur und Persönlichkeit, 8. Auflage, 2005

[433] Parsons, Talcott: Soziologische Theorie, 3. Auflage, 1973

[434] Paulus, Jochen: Gene oder Umwelt? Falsch, Gene mal Umwelt, 2001, http://www.zeit.de/archiv/2001/18/200118_intelligenz.xml?page=all

[435] Petersen, Thieß und Lübcke, Britta: Elternschaft als ökonomisches Entscheidungsproblem – Modell-theoretische Grundlagen und familienpolitische Konsequenzen; In: Zeitschrift für Bevölkerungswissenschaft, Jg. 31, 2/2006, S. 187-230

[436] Peuckert, Rüdiger: Familienformen im sozialen Wandel, 6. Auflage, 2005

[437] Pfeil, Elisabeth: Die Berufstätigkeit von Müttern, 1961

[438] Pfundt, Karen: Die Kunst, in Deutschland Kinder zu haben, 2004

[439] Pickel, Gert: Einführung in die soziologischen Theorien, 16.11.2004, http://viadrina.euv-frankfurt-o.de/~vgkulsoz/Lehrstuhl/Pickel/sozthe/vl5.ppt

[440] Posthuma, Danielle et. al.: A Genomewide Scan for Intelligence Identifies Quantitative Trait Loci on 2q and 6p, Am. J. Hum. Genet., 2005, 77, Seiten 318-326

[441] Preston, Samuel H.: Differential Fertility by IQ and the IQ Distribution of a Population; In: Neisser, Ulric (Hrsg.): The Rising Curve – Long-Term Gains in IQ and Related Measures, 1998

[442] Preuk, Monika: Typisch männlich – typisch weiblich?, FOCUS Online, 02.05.2007, http://www.focus.de/gesundheit/ratgeber/psychologie/gesundepsyche/tid-5586/psychologie_aid_54529.html

[443] Pro Bürgergeld, http://www.pro-buergergeld.de/

[444] Pütz, Josef und Riegert, Carsten: Der Aufstand der Familien – Eltern und Kinder kämpfen um ihre Zukunft, 2002

[445] Querdenken: Vorwerk macht wütend – Familienmanagerin voll daneben, 10.03.2006, http://querdenken.twoday.net/stories/1678580/

[446] Radermacher, Franz J.: Balance oder Zerstörung – Ökosoziale Marktwirtschaft als Schlüssel zu einer weltweiten nachhaltigen Entwicklung, 2002

[447] Radermacher, Franz J., 2006a: Die Brasilianisierung der Welt – Asymmetrien des globalen Reichtums, 2006, http://www.gazette.de/Archiv2/Gazette10/Radermacher.html

[448] Radermacher, Franz J., 2006b: Globalisierung gestalten – Die neue zentrale Aufgabe der Politik, 2006

[449] Radermacher, Franz J.: Global Marshall Plan – A Planetary Contract. For a worldwide Eco-Social Market Economy, 2004

[450] Radermacher, Franz J.: Zukunft der Arbeit; In: MERKUR, 1997, Heft 582/583, Seiten 829-843

[451] Radermacher, Franz J. und Beyers, Bert: Welt mit Zukunft – Überleben im 21. Jahrhundert, 2007

[452] Radisch, Iris: Die Schule der Frauen – Wie wir die Familie neu erfinden, 2007

[453] Rainer, Bettina: Bevölkerungswachstum als globale Katastrophe – Apokalypse und Unsterblichkeit, 2004

[454] Randall, Lisa: Verborgene Universen – Eine Reise in den extradimensionalen Raum, 3. Auflage, 2006

[455] Rawls, John: Eine Theorie der Gerechtigkeit, 15. Auflage, 2001

[456] Reese-Schäfer, Walter: Niklas Luhmann zur Einführung, 5. Auflage, 2005

[457] Rehder, Stefan und Blasel, Veronika: Jedes vierte gezeugte Kind wird abgetrieben; In: Büchner, Bernhard und Kaminski, Claudia (Hrsg.): Lebensschutz oder kollektiver Selbstbetrug? 10 Jahre Neuregelung des § 218, 2006

[458] Reichholf, Josef H.: Das Rätsel der Menschwerdung – Die Entstehung des Menschen im Wechselspiel der Natur, 6. Auflage, 2004

[459] Remy, Volker: Die Imagefalle – Identitätsmarketing für Städte und Regionen im Zeichen der soziodemografischen Zeitenwende, 2006

[460] Rensch, Bernhard: Homo sapiens, 1959

[461] Retter, Hein: Anthropologische und gesellschaftliche Voraussetzungen der Erziehung, 2000, http://www.tu-braunschweig.de/Medien-DB/hispaed/erziehung.pdf

[462] Rickens, Christian: Die neuen Spießer – Von der fatalen Sehnsucht nach einer überholten Gesellschaft, 2. Auflage, 2006

[463] Ridley, Matt: Eros und Evolution – Die Naturgeschichte der Sexualität, 1995

[464] Riegas, Volker und Vetter, Christian (Hrsg.): Zur Biologie der Kognition – Ein Gespräch mit Humberto R. Maturana und Beiträge zur Diskussion seines Werkes, 3. Auflage, 1990

[465] Riemann, Rainer und Spinath, Frank M.: Genetik und Persönlichkeit; In: Hennig, Jürgen und Netter, Petra (Hrsg.): Biopsychologische Grundlagen der Persönlichkeit, 2005

[466] Rieppel, Olivier: Unterwegs zum Anfang – Geschichte und Konsequenzen der Evolutionstheorie, 1989

[467] Rifkin, Jeremy: Der europäische Traum – Die Vision einer leisen Supermacht, 2006

[468] Rifkin, Jeremy: Die H2-Revolution – Mit neuer Energie für eine gerechte Weltwirtschaft, 2005

[469] Rifkin, Jeremy: Entropie – Ein neues Weltbild, 1985

[470] Rindermann, Heiner: Was messen internationale Schulleistungsstudien? Schulleistungen, Schülerfähigkeiten, kognitive Fähigkeiten, Wissen oder allgemeine Intelligenz? Psychologische Rundschau, 57(2), 2006, 69-86

[471] Röbbel, Nathalie: Familie in Italien an der Schwelle zum 21. Jahrhundert – Familie zwischen sozialem Konstrukt, kulturellem Muster und kontingenter Wirklichkeit, 2006

[472] Robert Bosch Stiftung 2006a: Demographie als Chance. Demographische Entwicklung und Bildungssystem – finanzielle Spielräume und Reformbedarf, 2006

[473] Robert Bosch Stiftung 2006b: Bosch-Studie – Kinderwunsch höher als Geburtenrate, 28.06.2006, http://www.bosch-stiftung.de/content/language1/downloads/pressemeldung_060628_pi_kinderwunsch_in_Deutschland.pdf

[474] Robert Bosch Stiftung 2006c: Unternehmen Familie, 2006

[475] Robinson, Tara Rodden: Genetik für Dummies, 2006

[476] Roggenkamp, Viola: Frau ohne Kind – Gespräche und Geschichten, 2004

[477] Roloff, Juliane: Demographischer Faktor, 2003

[478] Roth, Gerhard: Aus Sicht des Gehirns, 2003

[479] Rowland AS, Umbach DM, Catoe KE, Stallone L, Long S, Rabiner D, Naftel AJ, Panke D, Faulk R, Sandler DP: Studying the Epidemiology of Attention-Deficit Hyperactivity Disor-der: Screening Method and Pilot Results. Can J Psychiatry 2001 Dec;46(10):931-40

[480] Rowland, Donald T.: Demographic Methods and Concepts, 2003

[481] RP Online: 184 Milliarden Euro pro Jahr: Familienförderung unter der Lupe, 15.12.2006, http://www.rp-online.de/public/article/aktuelles/politik/deutschland/387334

[482] Rüling, Anneli und Kassner, Karsten: Familienpolitik aus der Gleichstellungsperspektive – Ein europäischer Vergleich, Friedrich Ebert Stiftung, 2007, http://library.fes.de/pdf-files/do/04262.pdf

[483] Rutschky, Katharina: Emma und ihre Schwestern – Ausflüge in den real existierenden Feminismus, 1999

[484] Rux, Johannes: Der ökologische Rat – Ein Vorschlag zur Änderung des Grundgesetzes; In: Stiftung für die Rechte zukünftiger Generationen (Hrsg.): Handbuch Generationengerechtigkeit, 2003

[485] Sabet, Huschmand: Globale Maßlosigkeit – Der (un)aufhaltbare Zusammenbruch des weltweiten Mittelstands, 2005

[486] Scarr S, McCartney K: How people make their own environments – A theory of genotype-environment effects, Child Developent, 1983, 54, Seiten 424-435

[487] Scheele, Alexandra: Feminisierung der Arbeit im demographischen Wandel?; In: Berger, Peter A. und Kahlert, Heike (Hrsg.): Der demographische Wandel – Chancen für die Neuordnung der Geschlechterverhältnisse, 2006

[488] Schenk, Herrad: Wieviel Mutter braucht der Mensch? Der Mythos von der guten Mutter, 6. Auflage, 2005

[489] Scheu, Ursula: Wir werden nicht als Mädchen geboren, wir werden dazu gemacht – Zur frühkindlichen Erziehung in unserer Gesellschaft, 2000

[490] Schimany, Peter: Die Alterung der Gesellschaft – Ursachen und Folgen des demographischen Umbruchs, 2004

[491] Schirach, Ariadne von: Der Tanz um die Lust, 2007

[492] Schirrmacher, Frank: Das Methusalem-Komplott – Die Menschheit altert in unvorstellbarem Ausmaß. Wir müssen das Problem unseres eigenen Alterns lösen, um das Problem der Welt zu lösen, 36. Auflage, 2004

[493] Schirrmacher, Frank (Hrsg.): Die Darwin AG – Wie Nanotechnologie, Biotechnologie und Computer den neuen Menschen träumen, 2001

[494] Schirrmacher, Frank: Minimum – Vom Vergehen und Neuentstehen unserer Gemeinschaft, 2006

[495] Schlaffer, Hannelore: Das Alter – Ein Traum von Jugend, 3. Auflage, 2003

[496] Schmid, Josef: Wohlfahrtsstaaten im Vergleich – Soziale Sicherung in Europa: Organisation, Finanzierung, Leistungen und Probleme, 2. Auflage, 2006

[497] Schmid J, Heigl A, Mai R: Sozialprognose – Die Belastung der nachwachsenden Generation, 2000

[498] Schmidt, Renate: Nachhaltige Familienpolitik – für eine Zukunft mit Kindern; In: Flöthmann, Jürgen und Höhn, Charlotte (Hrsg.): Wege zu einer erfolgreichen Familien- und Bevölkerungspolitik – Beiträge zur Jahrestagung 2005, 2007

[499] Schmidt, Renate: S.O.S. Familie – Ohne Kinder sehen wir alt aus, 2003

[500] Schmidt-Salomon, Michael: Auf dem Weg zur Einheit des Wissens – Die Evolution der Evolutionstheorie und die Gefahren von Biologismus und Kulturismus, 2007

[501] Schmidt-Salomon, Michael: Manifest des evolutionären Humanismus – Plädoyer für eine zeitgemäße Leitkultur, 2. Auflage, 2006

[502] Schmidt-Wellenburg, Christian: Evolution und sozialer Wandel – Neodarwinistische Mechanismen bei W. G. Runciman und N. Luhmann, 2005

[503] Schmitt, Christian und Winkelmann, Ulrike: Wer bleibt kinderlos? Sozialstrukturelle Daten zur Kinderlosigkeit von Frauen und Männern, DIW Berlin, 2005

[504] Schnitzer E, Isserstedt W, Middendorff E: Die wirtschaftliche und soziale Lage der Studierenden in der Bundesrepublik Deutschland 2000 – 16. Sozialerhebung des Deutschen Studentenwerks durchgeführt durch HIS Hochschul-Informations-System, 2001, http://www.studentenwerke.de/se/2001/Soz16Ges.pdf

[505] Schödlbauer, Ulrich et al. (Hrsg): IABLIS. Jahrbuch für europäische Prozesse – Demographie als Schicksal: Klimawandel in der Gesellschaft, 2006, http://www.iablis.de/iablis_t/2006/inhalt2006.html

[506] Schönwälder T, Wille K, Hölscher T: George Spencer Brown – Eine Einführung in die "Laws of Form", 2004

[507] Schrenk, Friedemann: Die Frühzeit des Menschen – Der Weg zum Homo sapiens, 4. Auflage, 2003

[508] Schrupp, Antje: Methusalems Mütter – Chancen des demografischen Wandels, 2007

[509] Schütt, Corinna E. A.: Ausverkauf Familie – Der wahre Preis des Wohlstands, 2003

[510] Schwarz, Karl: Notwendigkeit, Ziele und Erfolgsaussichten einer Politik der Nachwuchssicherung; In: Flöthmann, Jürgen und Höhn, Charlotte (Hrsg.): Wege zu einer erfolgreichen Familien- und Bevölkerungspolitik – Beiträge zur Jahrestagung 2005, 2007

[511] Schwarzer, Alice: Alice im Männerland – Eine Zwischenbilanz, 2004

[512] Schwarzer, Alice: Der große Unterschied – Gegen die Spaltung von Menschen in Männer und Frauen, 2. Auflage, 2005

[513] Schwarzer, Alice, 2002a: Der kleine Unterschied und seine großen Folgen – Frauen über sich – Beginn einer Befreiung, 2002

[514] Schwarzer, Alice: Die Antwort, 2007

[515] Schwarzer, Alice (Hrsg.), 2002b: Man wird nicht als Frau geboren, 2. Auflage, 2002

[516] Schwerdt, Kai: Demokratie und Globalisierung – Zur Zukunft der territorial verfassten Demokratie in einer globalisierten Welt, 2003

[517] Senf, Bernd: Der Nebel um das Geld, 8. Auflage, 2005

[518] Seul, Shirley: Goodbye Baby – Glücklich ohne Kinder, 2003

[519] Shaffer, David R. und Kipp, Katherine: Developmental Psychology – Childhood and Adolescence, International Student Edition, 7. Auflage, 2006

[520] Shell Deutschland Holding (Hrsg.): Jugend 2006 – Eine pragmatische Generation unter Druck, 2006

[521] Siegel, Jacob S. und Swanson, David A. (Hrsg.): The Methods and Materials of Demography, 2. Auflage, 2004

[522] Simon, Fritz B., 2007a: Einführung in die systemische Organisationstheorie, 2007

[523] Simon, Fritz B., 2007b: Einführung in Systemtheorie und Konstruktivismus, 2. Auflage, 2007

[524] Simonis, Heide: Was Familien und der "Dritte Sektor" für die Zukunft des Sozialstaats tun; In: Leipert, Christian (Hrsg.): Aufwertung der Erziehungsarbeit – Europäische Perspektiven einer Strukturreform der Familien- und Gesellschaftspolitik, 1999

[525] Simonsohn, Barbara: Das ADS – Syndrom,http://www.balance-online.de/texte/116.htm

[526] Singler, Nicole: Zwillings- und Adoptionsstudien, 2005, http://www.grin.com/de/preview/51200.html

[527] Sinn, Hans-Werner: Das demographische Defizit – die Fakten, die Folgen, die Ursachen und die Politikimplikationen; In: Birg, Herwig (Hrsg.): Auswirkungen der demographischen Alterung und der Bevölkerungsschrumpfung auf Wirtschaft, Staat und Gesellschaft, 2005

[528] Sinn, Hans-Werner: Ist Deutschland noch zu retten? 3. Auflage, 2005

[529] Sinn, Hans-Werner und Übelmesser, Silke: Wann kippt Deutschland um? http://www.cesifo-group.de/link/SD28-29-00Text1.pdf

[530] Sperlich, Diether: Populationsgenetik, 2. Auflage, 1988

[531] Speth JD, Spielmann KA: Energy source, protein metabolism, and hunter-gatherer subsistence strategies, Journal of Anthropological Archaeology 1983/2/pages 1-32

[532] Spiegel, Peter: Eine humane Weltwirtschaft – Erfolgsfaktor Mensch, 2007

[533] Spiegel, Peter: Faktor Mensch: Ein humanes Weltwirtschaftswunder ist möglich, 2005

[534] Spieß, C. Katharina: Parafiskalische Modelle zur Finazierung familienpolitischer Leistungen, März 2004, http://www.diw.de/deutsch/produkte/publikationen/expublikationen/materialien/docs/papers/diw_rn04-03-36.pdf

[535] Stahr, Alexander: Das kurze und lange Leben der Tiere, 2003, http://www.tk-logo.de/aktuelles/thema-der-woche-03/tewo-35kw-03-tierekurzlang.html

[536] Stearns, Stephen C. und Hoekstra, Rolf F.: Evolution – an introduction, 2. Auflage, 2005

[537] Steingart, Gabor: Deutschland – Abstieg eines Superstars, 2. Auflage, 2005

[538] Steingart, Gabor: Weltkrieg um Wohlstand – Wie Macht und Reichtum neu verteilt werden, 2006

[539] STERN: Wie funktioniert die Rentenversicherung?, Stern-Journal, 22/2006, 24.05.2006, Seite 20

[540] Stewens, Christa: Familie ist unsere Zukunft – die bayerische Familienpolitik; In: Leipert, Christian (Hrsg.): Demographie und Wohlstand – Neuer Stellenwert für Familie in Wirtschaft und Gesellschaft, 2003

[541] Stiegler, Barbara: Mutter-Vater-Kind-Los – Eine Analyse des Geburtenrückgangs aus der Geschlechterperspektive, 2006, http://library.fes.de/pdf-files/asfo/03850.pdf

[542] Stiftung für die Rechte zukünftiger Generationen (Hrsg.): Handbuch Generationengerechtigkeit, 2003

[543] Stöber-Kuhn, Silvia: Schon ein Meter gefährdet Venedig, 02.08.2006, http://www.tagesschau.de/aktuell/meldungen/0,1185,OID5750008_REF3,00.html

[544] Stöcker, Mirja (Hrsg.): Das F-Wort – Feminismus ist sexy, 2007

[545] Strange, Nicholas: Keine Angst vor Methusalem! Warum wir mit dem Altern unserer Bevölkerung gut leben können, 2006

[546] Strengmann-Kuhn, Wolfgang (Hrsg.): Das Prinzip Bürgerversicherung – Die Zukunft im Sozialstaat, 2005

[547] Teasdale, Thomas W. und Owen, David R.: A long-term rise and recent decline in intelligence test performance – The Flynn Effect in reverse, Personality and Individual Differences, 2005, 39(4), Seiten 837-843

[548] Teusch, Ulrich: Die Staatengesellschaft im Globalisierungsprozess – Wege zu einer antizipatorischen Politik, 2003

[549] Thränhardt, Dietrich und Hunger, Uwe (Hrsg.): Migration im Spannungsfeld von Globalisierung und Nationalstaat, 2003

[550] Tibi, Bassam: Islamische Zuwanderung – Die gescheiterte Integration, 2002

[551] Tichy, Roland: Die Demographie-Bombe überleben – Gesellschaft ohne Kinderlachen, Handelsblatt, 11.04.2006, Seite 9, http://www.handelsblatt.com/news/Default.aspx?_p=301116&_t=ft&_b=1063114

[552] Tichy, Roland und Tichy, Andrea: Die Pyramide steht Kopf – Die Wirtschaft in der Altersfalle und wie sie ihr entkommt, 2003

[553] Träger, Jutta: Neue Wege familialer Arbeitsteilung – Neuorientierung in der Familienpolitik? In: Auth, Diana und Holland-Cunz, Barbara (Hrsg.): Grenzen der Bevölkerungspolitik – Strategien und Diskurse demographischer Steuerung, 2007

[554] Tremmel, Jörg: Bevölkerungspolitik im Kontext ökologischer Generationengerechtigkeit, 2005

[555] Tremmel, Jörg: Generationengerechtigkeit – Versuch einer Definition; In: Stiftung für die Rechte zukünftiger Generationen (Hrsg.): Handbuch Generationengerechtigkeit, 2003

[556] Tremmel, Jörg: Positivrechtliche Verankerung der Rechte nachrückender Generationen; In: Stiftung für die Rechte zukünftiger Generationen (Hrsg.): Handbuch Generationengerechtigkeit, 2003

[557] Uhl, Matthias und Voland, Eckart: Angeber haben mehr vom Leben, 2002

[558] Ulrich, Ralph E.: Kontrazeption in Europa, http://www.berlin-institut.org/pages/buehne/buehne_beventw_ulrich_kontrazeption.html

[559] United Nations: Replacement Migration – Is it a solution to declining and ageing populations, 2001

[560] unternimm-die-zukunft.de: Das bedingungslose Grundeinkommen, http://www.unternimm-die-zukunft.de/

[561] Van Court, M. und Bean, F. D.: Intelligence and fertility in the United States – 1912-1982, Intelligence, 1985, 9, Seiten 23—32

[562] Veblen, Thorstein: Theorie der feinen Leute – Eine ökonomische Untersuchung der Institutionen, 2007

[563] vffm – Verband der Familienfrauen und -männer: Familienarbeit heute. Gehalt für Familienarbeit – der Weg zur Emanzipation. http://www.dhg-vffm.de/p/modules/news/article.php?storyid=35

[564] Villa, Paula-Irene: Judith Butler, 2003

[565] Vining, Daniel R. Jr.: On the possibility of a re-emergence of a dysgenic trend with respect to intelligence in American fertility differentials, Intelligence, 1982, 6, Seiten 241-264

[566] Vining, Daniel R. Jr.: On the possibility of a re-emergence of a dysgenic trend – An update, Personality and Individual Differences, 1995, 19, Seiten 259-265

[567] Vining, Daniel R. Jr.: Social versus Reproductive Success – The Central Theoretical Problem of Human Sociobiology, Behavioral and Brain Sciences, 9 (1986), 167-216

[568] Vogel, Christian: Anthropologische Spuren – Zur Natur des Menschen, 2000

[569] Vogelskamp, Stephan Alexander und Günter, Roland: Das süße Leben – Der neue Blick auf das Alter und die Chancen schrumpfender Städte, 2005

[570] Voland, Eckart: Die Natur des Menschen – Grundkurs Soziobiologie, 2007

[571] Voland, Eckart: Grundriss der Soziobiologie, 2. Auflage, 2000

[572] Voland, Eckart (Hrsg.): Fortpflanzung. Natur und Kultur im Wechselspiel – Versuch eines Dialogs zwischen Biologen und Sozialwissenschaftlern, 1992

[573] Voland, Eckart und Engel, Claudia: Menschliche Reproduktion aus verhaltensökologischer Perspektive; In: Müller U, Nauck B, Diekmann A (Hrsg.): Handbuch der Demographie 1 – Modelle, Theorien und Methoden, 2000

[574] Vollmer, Gerhard: Evolutionäre Erkenntnistheorie, 2002

[575] Vom Lehn, Birgitta: Kindeswohl, ade! Gesundheitsverhütung im Wohlstandsland – PISA war auch eine physische Pleite, 2004

[576] Vorwerk: Familien-Managerin, http://www.vorwerk.com/de/html/familien-managerin.html

[577] Waal, Frans de: Der Affe in uns – Warum wir so sind, wie wir sind, 2006

[578] Wahl, Stefanie: Folgen der Bevölkerungsentwicklung für Wirtschaft und Gesellschaft; In: Hutter, Claus-Peter und Troge, Andreas (Hrsg.): Bevölkerungsrückgang – Konsequenzen für Flächennutzung und Umwelt, 2004

[579] Waidfeld, Johannes M.: Wachstum, der Irrtum – Wohlstand, eine gesellschaftliche Betrachtung, 2005

[580] Warner, Judith: Perfect Madness – Motherhood in the Age of Anxiety, 2006

[581] wdr.de: Faktencheck. Kinder – nein danke! Aussagen auf dem Prüfstand, 23.03.2006, http://www.wdr.de/themen/politik/1/hart_aber_fair/faktencheck_060322/index.jhtml

[582] Weber, Thomas P.: Darwin un die neuen Biowissenschaften – Eine Einführung, 2005

[583] Weber, Thomas P.: Soziobiologie, 2003

[584] Wefing, Heinrich: Im Zweifel für den Mann, http://www.faz.net/s/Rub867BF88948594D80AD8AB4E72C5626ED/Doc~E1FCC3EAC1D934357B510CC82A0F69002~ATpl~Ecommon~Scontent.html

[585] Weiner, Jonathan: Zeit, Liebe, Erinnerung – Auf der Suche nach den Ursprüngen des Verhaltens, 2000

[586] Weiss, Hans und Schmiederer, Ernst: Asoziale Marktwirtschaft – Insider aus Politik und Wirtschaft enthüllen, wie die Konzerne den Staat ausplündern, 5. Auflage, 2006

[587] Weiss, Volkmar: 100 Highly Gifted Men have Highly Gifted Male Relatives, 2007, http://www.volkmar-weiss.de/table.html

[588] Weiss, Volkmar: Bevölkerungsqualität: Der demographische Übergang in den Untergang, 2006, http://www.volkmar-weiss.de/zyklisch.html

[589] Weiss, Volkmar: Die IQ-Falle – Intelligenz, Sozialstruktur und Politik, 2000

[590] Weizsäcker, Carl Friedrich von: Die Einheit der Natur, 2002

[591] Welser, Maria von und Leyen, Ursula von der: Wir müssen unser Land für die Frauen verändern, 2007

[592] Welt.de: Das Internet ist der wahre Klimakiller, 22.09.2007, http://www.welt.de/webwelt/article1203605/Das_Internet_ist_der_wahre_Klimakiller.html

[593] Werner, Götz W., 2006a: Ein Grund für die Zukunft: das Grundeinkommen – Interviews und Reaktionen, 2. Auflage, 2006

[594] Werner, Götz W.: Einkommen für alle, 2007

[595] Werner, Götz W., 2006b: Konsum ist bessere Geldquelle – Interview von Hannes Koch, http://www.taz.de/pt/2006/08/09/a0110.1/textdruck

[596] Wickler, Wolfgang und Seibt, Ute: Männlich-Weiblich – Der große Unterschied und seine Folgen, 1983

[597] Wiesenthal, Helmut: Gesellschaftssteuerung und gesellschaftliche Selbststeuerung – Eine Einführung, 2006

[598] Wilson, Edward O. 2000a: Die Einheit des Wissens, 2000

[599] Wilson, Edward O.: Die Zukunft des Lebens, 2004

[600] Wilson, Edward O. 2000b: Sociobiology – The New Synthesis, 25. Auflage, 2000

[601] Wingen, Max: Die Geburtenkrise ist überwindbar – Wider die Anreize zum Verzicht auf Nachkommen, 2004

[602] Wingen, Max: Grundlagen der Bevölkerungspolitik, 1975

[603] Wingen, Max: Vierzig Jahre Familienpolitik ind Deutschland – Momentaufnahmen und Entwicklungslinien, 1993

[604] Winkler, Manfred: Die 9b-Situation – So ist Deutschland noch zu retten: mit der Beendigung der Entvölkerungspolitik, 2004

[605] Wippermann, Peter: Weniger Kinder – andere Welt: das Vordringen der "Ich-AG"; In: Leipert, Christian (Hrsg.): Demographie und Wohlstand – Neuer Stellenwert für Familie in Wirtschaft und Gesellschaft, 2003

[606] Wirth, Heike, 2000: Selektive soziale Interaktion – Klassenspezifische Heiratsmuster in Westdeutschland; In: Wirtschaft und Statistik, 2000, 54(9), Seite 696-708

[607] Wirth, Heike, 1996: Wer heiratet wen? Die Entwicklung der bildungsspezifischen Heiratsmuster in Westdeutschland; In: Zeitschrift für Soziologie, 1996, 25(5), Seite 371-394

[608] wissenschaft.de: Forscher schlagen Alarm – In den Industrieländern ist der IQ auf Talfahrt, 16.05.2005, http://www.wissenschaft.de/wissenschaft/hintergrund/253016.html

[609] Witting, Lars: A general theory of evolution – By means of selection by density dependent competitive interactions, 1997

[610] World Economic Forum: Global Gender Gap Report, 2006, http://www.weforum.org/pdf/gendergap/report2006.pdf

[611] Wuketits, Franz M.: Bioethik – Eine kritische Einführung, 2006

[612] Wuketits 2005a, Franz M.: Darwin und der Darwinismus, 2005

[613] Wuketits 2002a, Franz M.: Der Affe in uns – Warum die Kultur an unserer Natur zu scheitern droht, 2002

[614] Wuketits 2005b, Franz M.: Evolution – Die Entwicklung des Lebens, 2. Auflage, 2005

[615] Wuketits 2002b, Franz M.: Was ist Soziobiologie? 2002

[616] Wuketits, Maria und Wuketits, Franz M.: Humanität zwischen Hoffnung und Illusion – Warum uns die Evolution einen Strich durch die Rechnung macht, 2001

[617] Wulff, Christian: Deutschland kommt voran, 2006

[618] Wynne-Edwards, V. C.: Evolution Through Group Selection, 1986

[619] Zahavi, Amotz und Zahavi, Avishag: Signale der Verständigung – Das Handicap-Prinzip, 1998

[620] Zander, Margherita (Hrsg.): Kinderarmut – Einführendes Handbuch für Forschung und soziale Praxis, 2005

[621] Zeitbild: Energieverbrauch pro Kopf im internationalen Vergleich, 2000, http://www.unendliche-energie.de/documents/2-Energieverbrauch%20intern.pdf

[622] Zimmermann, Klaus F.: Bildung – Humankapital statt Konsumgut; In: Zimmermann, Klaus F. (Hrsg.): Deutschland – was nun? Reformen für Wirtschaft und Gesellschaft, 2006

[623] Zimmermann, Klaus F. (Hrsg.): Deutschland – was nun? Reformen für Wirtschaft und Gesellschaft, 2006

[624] Zinn, Karl Georg: Wie Reichtum Armut schafft – Verschwendung, Arbeitslosigkeit und Mangel, 4. Auflage, 2002

[625] Zuanna, Gianpiero Dalla und Micheli, Giuseppe A. (Hrsg.): Strong Family and Low Fertility: A Paradox? New Perspectives in Interpreting Contempory Family and Reproductive Behaviour, 2004

[626] Zürn, Michael: Regieren jenseits des Nationalstaates, 2. Auflage, 2005

Ebenfalls von Peter Mersch:

Klüger werden und Demenz vermeiden. Wie sich beides für Jung und Alt erreichen lässt!

Ein Buch, das Ihnen zeigt, wie Sie Ihre Intelligenz verbessern und die Leistungsfähigkeit Ihres Gehirns bis ins hohe Alter erhalten können.

Es richtet sich an Jung und Alt, aber auch an Eltern von kleineren Kindern.

Mit Mitte dreißig war der Autor aufgrund seiner jahrzehntelangen schweren Migräneerkrankung geistig und körperlich bereits so sehr erschöpft, dass er sich kaum mehr konzentrieren konnte, unter Schlafstörungen litt und bei den kleinsten Anstrengungen und Aufregungen Kopfschmerz-, Schwindel- und Panikattacken bekam. Daneben plagten ihn chronische Müdigkeit, Depressionen und rheumatische Beschwerden. Von den Ärzten war kaum mehr Hoffnung zu erwarten, da er im medizinischen Sinne als austherapiert galt. Wenig später fand er heraus, was er – wie vermutlich die meisten Menschen in unserer Gesellschaft ebenso – seit Anbeginn seines Lebens falsch machte. Heute, mit über 60 Jahren, erarbeitet er eigenständige kreative Lösungen zu äußerst komplexen wissenschaftlichen Problemstellungen, wie es die von ihm entwickelte „Systemische Evolutionstheorie“ beispielhaft demonstriert.

Das Buch wendet sich an alle, die ihre vorhandene Konzentrationsfähigkeit weiter verbessern und sich ihre kognitiven Fähigkeiten bis ans Lebensende erhalten möchten. Es macht Mut und Hoffnung, da es zeigt, dass man mit den geeigneten Maßnahmen selbst im Alter noch deutlich klüger und kreativer werden kann.

Der Autor lässt anklingen, dass die im Buch vorgeschlagenen Verhaltens- und Lebensstilmaßnahmen ein erhebliches Kostensenkungspotenzial im Gesundheitssystem besitzen können.

Norderstedt: Books on Demand, 2012, ISBN 978-3-8482-2741-9, 9,95 €

North Charleston, SC: CreateSpace, 2012, ISBN 978-1480254893, 8,95 €

Die egoistische Information. Eine Theorie des Lebens

Prof. Dr. Dr. Gerhard Vollmer (Mitbegründer der Evolutionären Erkenntnistheorie): *„Mir scheint, dass hier die bisher beste Verallgemeinerung des Evolutionsgedankens vorliegt.“*

Alles Leben ist absolute und komparative Kompetenzverlustvermeidung, oder anders gesagt: Lebewesen und sonstige Evolutionsakteure verhalten sich informationsegoistisch.

Aus dieser mit dem Zweiten Hauptsatz der Thermodynamik begründbaren Verallgemeinerung der Theorie der egoistischen Gene wird im Laufe des Buches ein Großteil der uns umgebenden belebten Welt evolutionär rekonstruiert, von einfachsten Lebensformen bis hin zu aktuellen sozialen Phänomenen und Problemstellungen moderner menschlicher Gesellschaften. Mehr ist nicht erforderlich. So gesehen ist die Welt einfach.

Als Verhaltensmodell stellt die *Theorie der egoistischen Information* eine Alternative zum Modell des Homo oeconomicus dar: Menschen und sonstige Lebewesen sind gemäß ihr keine einfachen Nutzenmaximierer, sondern primär darum bemüht, ihre Kompetenzen mit der Zeit und in Relation zu ihrer Umwelt und anderen nicht schwächer werden zu lassen.

Zudem werden einige wesentliche Theorien und Theoreme auf sie zurückgeführt. Dazu zählen:

- Charles Darwins biologische Selektionstheorie
- Ricardos Theorem der komparativen Vorteile in einer verallgemeinerten kompetenzbasierten Formulierung
- Die Population Ecology of Organizations Theory

Für die Eusozialität im Tierreich, die sozialen Phänomene demografischer Wandel und demografisch-ökonomisches Paradoxon und die Begriffe Sozialdarwinismus und Zivilisation werden neue, sich unmittelbar auf die *Theorie der egoistischen Information* stützende Erklärungen und Definitionen vorgestellt.

Das Paradigma der *egoistischen Information* ist Weltbild und Welterklärung zugleich.

North Charleston, SC: CreateSpace, 2016, ISBN 978-1530351251, 26,75 €

Wie Übergewicht entsteht … und wie man es wieder los wird

Die vorherrschende Vorstellung der Medizin ist, dass Menschen in erster Linie deshalb übergewichtig werden, weil sie mehr Kalorien zu sich nehmen als sie verbrauchen. Meist wird ihnen geraten, weniger zu essen – insbesondere vom Hauptenergieträger Fett – und sich gleichzeitig mehr zu bewegen – zum Beispiel durch Sport –, um die zu viel aufgenommene Energie zu verbrauchen.

Peter Mersch zeigt demgegenüber, dass es vor allem der aus evolutionärer Sicht noch nicht ganz ausgereifte Gehirnstoffwechsel des Menschen ist, der ihn unter den heutigen Lebensbedingungen zunehmend übergewichtig werden lässt. Denn unter der modernen Zivilisationskost kann das energiehungrigste und wichtigste Organ des Menschen – das Gehirn – die vielen, im Körperfett vorgehaltenen Kalorien nicht ausreichend nutzen, sodass Menschen selbst dann wieder hungrig werden, wenn sie längst überreichlich viel Fett am eigenen Körper tragen.

Ursache des Problems ist also weder die zu reichliche Fettspeicherung noch die mangelhafte Fettmobilisierung bei den Übergewichtigen, wie es die meisten Diäten und Ernährungsexperten behaupten, sondern die unzureichende Nutzung der in den Fettdepots gespeicherten Energien. Damit lässt sich insbesondere der epidemische Charakter der globalen Übergewichtswelle gut erklären.

Der Autor schließt seine Ausführungen mit einer Erläuterung verschiedener Lebensstilmaßnahmen und Ernährungsweisen zur Vermeidung und Reduzierung von Übergewicht, an deren Grundprinzipien er sich seit mehr als 20 Jahren selbst hält. In diesem Zuge analysiert er zahlreiche Ernährungsprogramme zur Gewichtsabnahme wie die Atkins-Diät, South-Beach-Diät, Lutz-Diät, ketogene Diät, anabole Diät, Dukan-Diät, 17-Tage-Diät, GLYX-Diät, Montignac-Methode, LOGI-Methode, Sears-Diät, Trennkost, Schlank im Schlaf, KFZ-Diät, Steinzeiternährung, FDH, Low-Fat etc. und beschreibt deren Eigenschaften und Wirkmechanismen.

Norderstedt: Books on Demand, 2012, ISBN 978-3-8482-0792-3, 9,95 €

North Charleston, SC: CreateSpace, 2012, ISBN 978-1477551721, 8,95 €